COLEÇÃO
PENSADORES & EDUCAÇÃO

Foucault & a Educação

Alfredo Veiga-Neto

Foucault & a Educação

3ª edição
3ª reimpressão

autêntica

Copyright © 2003 Alfredo Veiga-Neto
Copyright © 2003 Autêntica Editora

Todos os direitos reservados pela Autêntica Editora. Nenhuma parte desta publicação poderá ser reproduzida, seja por meios mecânicos, eletrônicos, seja via cópia xerográfica, sem a autorização prévia da Editora.

COORDENADOR DA COLEÇÃO
PENSADORES & EDUCAÇÃO
Alfredo Veiga-Neto

CONSELHO EDITORIAL
Alfredo Veiga-Neto (UFRGS), **Carlos Ernesto Noguera** (Univ. Pedagógica Nacional de Colombia), **Edla Eggert** (UNISINOS), *Jorge Ramos do Ó* (Universidade de Lisboa), *Júlio Groppa Aquino* (USP), *Luís Henrique Sommer* (UNISINOS), *Margareth Rago* (UNICAMP), *Rosa Bueno Fischer* (UFRGS), *Sílvio D. Gallo* (UNICAMP)

EDITORA RESPONSÁVEL
Rejane Dias

EDITORA ASSISTENTE
Cecília Martins

REVISÃO
Rosemara Dias

PROJETO GRÁFICO DA CAPA
Jairo Alvarenga Fonseca

DIAGRAMAÇÃO
Conrado Esteves

Veiga-Neto, Alfredo

V426f   Foucault & a Educação / Alfredo Veiga-Neto . 3. ed.; 3. reimp. — Belo Horizonte: Autêntica Editora, 2017.

160 p. — (Pensadores & Educação, 4)

ISBN 978-85-7526-105-7

1.Filosofia. 2.Educação. I.Título. II. Série.

CDU 1
37

Belo Horizonte
Rua Carlos Turner, 420
Silveira . 31140-520
Belo Horizonte . MG
Tel.: (55 31) 3465 4500

São Paulo
Av. Paulista, 2.073,
Conjunto Nacional, Horsa I
23º andar . Conj. 2310-2312
Cerqueira César . 01311-940
São Paulo . SP
Tel.: (55 11) 3034 4468

Rio de Janeiro
Rua Debret, 23, sala 401
Centro . 20030-080
Rio de Janeiro . RJ
Tel.: (55 21) 3179 1975

www.grupoautentica.com.br

Sumário

APRESENTAÇÃO
Situando este livro — *07*

PRIMEIRA PARTE – Situando — *13*

Capítulo I
Situando Foucault — *15*

SEGUNDA PARTE – Domínios foucaultianos — *33*

Capítulo II
Os três Foucault? ou
A sempre difícil sistematização — *35*

Capítulo III
O primeiro domínio: o *ser-saber* — *43*

Capítulo IV
O segundo domínio: o *ser-poder* — *55*

Capítulo V
O terceiro domínio: o *ser-consigo* — *79*

TERCEIRA PARTE – Temas foucaultianos — *87*

Capítulo VI
Linguagem, discurso, enunciado, arquivo, episteme... — *89*

Capítulo VII   *107*
O sujeito

Capítulo VIII   *115*
O *poder-saber*

QUARTA PARTE – Tempos e   *131*
lugares foucaultianos

Capítulo IX   *133*
Cronologia foucaultiana

Capítulo X   *137*
Sites de interesse na Internet

REFERÊNCIAS   *141*

O AUTOR   *157*

Apresentação

Situando este livro

> *E foste um difícil começo.*
> *Afasto o que não conheço.*
> *E quem vem de outro sonho feliz de cidade*
> *Aprende, depressa, a chamar-te de realidade.*
> *Porque és o avesso do avesso do avesso do avesso.*
>
> Caetano Veloso

Este livro estava para ser escrito há bastante tempo. Ele tem uma pequena história que vale a pena contar.

Confesso que sempre me pareceu uma temeridade tentar condensar as principais contribuições do pensamento de Michel Foucault para a Educação, de uma maneira que fosse, ao mesmo tempo, clara e rigorosa, simples mas não simplificadora. Afinal, se vale o que Pierre Bourdieu escreveu no *Le Monde*, no necrológio de Foucault – "nada é mais perigoso que reduzir uma filosofia, principalmente tão sutil, complexa e perversa, a uma fórmula de manual"[1] –, é preciso cuidar para não cair nos esquematismos que acabam fazendo de Foucault o que ele não quis ser.

As minhas experiências anteriores nesse campo foram parciais, mas penso que exitosas. Em alguns textos, recorri

---

[1] BOURDIEU, 1984.

ao pensamento de Foucault (para discutir questões educacionais), sem, no entanto, me preocupar muito em explicá-lo em detalhe. Em outros textos, concentrei-me mais em discussões sobre o filósofo, mas sem cuidar em ser didático; esse foi o caso, por exemplo, dos capítulos específicos sobre as relações entre Foucault e Educação que escrevi, há quase dez anos, tanto para o livro que eu mesmo organizei –*Crítica pós-estruturalista e Educação*[2] –, quanto para o livro organizado por Tomaz da Silva – *O sujeito da Educação: estudos foucaultianos*[3] –, e principalmente na minha tese de doutorado –"A ordem das disciplinas".[4] Além desses, em outros textos e livros posteriores tratei de questões foucaultianas mais ou menos pontuais. Resultou de tudo isso que a minha produção neste campo está dispersa e nem sempre é de fácil leitura para quem não está familiarizado com Foucault.

Assim, foi crescendo em mim a certeza de que faltava, na bibliografia brasileira, um livro pouco mais que introdutório sobre Foucault e Educação. Faltava um livro que, de forma acessível e didática, não apenas explicasse sua filosofia e mostrasse o que ele escreveu sobre o sujeito, os saberes, os poderes e as instituições modernas, mas que também discutisse o que *se pode* e o que *não se pode* fazer com ele e a partir dele e o quão produtivo tudo isso é para a Educação.

Depois de algumas tentativas, e com a confiança e o apoio da Editora Autêntica, acho que consegui encontrar um caminho satisfatório.

Depois desta *Apresentação*, e ainda fazendo parte desta primeira parte – "Situando" –, no capítulo 1 – "Situando Foucault" – discuto a posição de Foucault no pensamento contemporâneo. Situar um autor é sempre um exercício de classificação: uma tarefa difícil e perigosa, na medida em que implica fixar uma posição e enrijecer um pensamento. No caso de Foucault, isso é ainda mais problemático, uma vez

---

[2] VEIGA-NETO, 1995.

[3] SILVA, 1994.

[4] VEIGA-NETO, 1996.

que aí não existe nem propriamente um método único, nem uma doutrina; além do mais, sua obra não se enquadra em qualquer das disciplinas tradicionais das Ciências Humanas.

Começo a segunda parte – "Domínios foucaultianos" – tratando da costumeira, porém difícil, tarefa de sistematizar a obra de Foucault (capítulo 2: "Os três Foucault?"). Em vez de me restringir à tradicional sistematização cronometodológica que define as três grandes fases na obra do filósofo –*arqueológica, genealógica e ética* –, optei em seguir a proposta de Miguel Morey[5], dividindo o pensamento de Foucault em função da sua ontologia do presente. Dessa forma, nos capítulos 3, 4 e 5 trato, respectivamente, dos domínios do *ser-saber*, do *ser-poder* e do *ser-consigo*. No final de cada um desses capítulos, relaciono alguns livros, artigos, dissertações e teses acadêmicas que se movem na intersecção entre a Educação e o respectivo domínio ali tratado.

Indo adiante, acrescentei uma terceira parte – "Temas foucaultianos" –, composta de três capítulos. Em cada um deles, discuto alguns temas que são fundamentais, tanto no contexto da perspectiva foucaultiana, quanto, principalmente, no campo em que essa se conecta com as práticas e as pesquisas educacionais: "Linguagem, discurso, enunciado, arquivo, episteme..." (capítulo 6), "O sujeito" (capítulo 7) e "O poder-saber" (capítulo 8). A escolha desses temas deu-se pela sua importância e pelo fato de que, em todos eles, Foucault vai na contramão da tradição filosófica moderna e até mesmo do senso comum.

A quarta parte – "Tempos e lugares foucaultianos" – compõe-se de dois capítulos. No capítulo 9 – "Cronologia foucaultiana" –, sumario, ano a ano, os principais acontecimentos na vida de Michel Foucault. No capítulo 10 – "*Sites* sobre Michel Foucault" –, relaciono os principais *sites* que tratam de Michel Foucault e sua obra.

Ao final, estão as "Referências" relativas à bibliografia citada neste livro. Diferentemente dos outros títulos desta

---

[5] MOREY, 1991.

coleção, nessa parte não são feitas sugestões para além da bibliografia já referida no texto. Isso é assim simplesmente porque resolvi já ir incorporando, ao longo de todos os capítulos, minhas sugestões para leituras adicionais.

Será fácil reconhecer que, em várias passagens deste livro, retomo discussões que já fiz em outras publicações; além disso, trago antigos exemplos, alguns dos quais estão até mais desenvolvidos naqueles outros textos. Foi principalmente na minha Tese de Doutorado – "A ordem das disciplinas",[6] até hoje não editada em forma de livro – que busquei boa parte das discussões teóricas que constam aqui; também por isso, sinto que estou fazendo um "acerto de contas" comigo mesmo e com aquele esforço despendido há vários anos... Enfim, nesse caso vale aquilo que o próprio Foucault disse, ao se referir ao comentário: "O novo não está no que é dito, mas no acontecimento de seu retorno".[7] Na medida em que este livro quer ser ao mesmo tempo atualizado, rigoroso e acessível, penso que as frequentes reiterações que faço a outras publicações minhas – esse retorno a tantas coisas já ditas – é até mesmo útil para os leitores e leitoras.

Combinar atualização, rigor e utilidade com clareza e simplicidade, de modo a não cair na sempre problemática erudição, foi uma tarefa difícil. Espero que as soluções que fui encontrando tenham sido exitosas. Uma dessas soluções, e talvez a mais constante ao longo de todo o livro, foi a copiosa bibliografia a que recorri e que vou citando a todo momento. Disso advêm duas vantagens. De um lado, disponibilizo um razoável repertório bibliográfico para quem quiser avançar mais e se aprofundar nos estudos foucaultianos; por isso, vou deixando muitas pistas, exemplos, sugestões e referências para as pessoas interessadas em pensar foucaultianamente a Educação. Por outro lado, ao me remeter a outros autores, evito que o meu próprio texto fique com dimensões que vão além do que se propõe a coleção da qual ele faz parte. E

---

[6] VEIGA-NETO, 1996

[7] FOUCAULT, 1996, p. 26.

para que a leitura não ficasse truncada em decorrência das numerosas – ou talvez excessivas, mas espero que sempre úteis... – referências, optei por registrá-las em notas de rodapé; isso explica o elevado número de notas. Seja como for, sempre procurei tomar o cuidado para que este livro bastasse por si mesmo, isso é, que ele desse conta daquilo a que ele se propõe: examinar, descrever e problematizar a perspectiva foucaultiana, principalmente naquilo em que ela pode ser mais interessante, instigante, vigorosa e produtiva para a prática e para a pesquisa no campo da Educação. Além disso, boa parte das referências que faço abrem inúmeras possibilidades para outros estudos, de modo que, no fim, tem-se uma verdadeira rede de trabalhos, autores e comentários que serão úteis para quem quiser se aprofundar nesse campo.

Junto com o historiador Paul Veyne, "a obra de Foucault me parece o acontecimento mais importante de nosso século, no campo do pensamento".[8] Para nós, então, que trabalhamos no campo da Educação, é difícil superestimar a contribuição que a perspectiva foucaultiana trouxe para o entendimento das relações entre a escola e a sociedade, entre a Pedagogia e a subjetivação moderna. Mas, apesar disso, aqui não se trata de cultuar um autor e sua obra. Não se trata, tampouco, de pensar que ele tem a chave, a solução, a verdade; nem mesmo de pensar que ele chegou mais perto de uma suposta verdade. Trata-se, tão somente, de colocar em movimento uma vontade de saber. O que importa mesmo é, junto com Foucault, tentarmos encontrar algumas respostas para a famosa questão nietzschiana – que estão (os outros) e estamos (nós) fazendo de nós mesmos? –, para, a partir daí, nos lançarmos adiante para novas perguntas, num processo infinito cujo motor é a busca de uma existência diferente para nós mesmos e, se possível, uma existência melhor.

Se é que falar sobre Foucault tornou-se moda, não é disso que se trata este livro. O que importa não é seguirmos uma moda, mas é estarmos abertos para o desafio do novo, con-

---

[8] VEYNE, 1984.

COLEÇÃO "PENSADORES & EDUCAÇÃO"

fiando que sempre pode "haver algo de novo debaixo do sol, algo que não é uma representação exata do que já ali estava".[9]

Assim, muito embora se reconheça o vigor e a originalidade da obra de Foucault, este livro não deve ser lido como uma celebração ao filósofo, mas sim como uma exploração das muitas possibilidades que o seu pensamento abre para o exame da Educação, dos saberes pedagógicos e das práticas educacionais, em suas relações imanentes com cada um de nós e com o mundo contemporâneo. Recorro outra vez a Pierre Bourdieu, para quem "a obra de Foucault é uma longa exploração da transgressão, da ultrapassagem do limite social, que se liga indissoluvelmente ao saber e ao poder".[10] Por tudo isso, espero que este livro contribua para manter ativa nossa indignação, nossa indagação e nossa crítica permanente e, desse modo, funcione também como um ativador da nossa vontade de liberdade.

---

[9] RORTY, 1988, p. 286.
[10] BOURDIEU, 1984.

PRIMEIRA PARTE

Situando

|CAPÍTULO I

SITUANDO FOUCAULT

*Todo o meu devir filosófico foi
determinado pela minha leitura de
Heidegger. Mas reconheço que foi
Nietzsche quem venceu.*[1]

Concluí a "Apresentação" deste livro citando Pierre
Bourdieu; vale a pena trazê-lo de novo: "A obra de Foucault
é uma longa exploração da transgressão, da ultrapassagem
do limite social, que se liga indissoluvelmente ao saber e ao
poder".[2] Essa frase funcionou como um estímulo para que
eu me lançasse na empreitada de escrever este livro. Afinal,
talvez mais do que nunca, é preciso explorar a transgressão,
ultrapassar os limites que o mundo social impõe a si mesmo e a todos nós, olhar com mais atenção para as relações
entre o poder e o saber. Foi Foucault aquele que melhor nos
mostrou como as práticas e os saberes vêm funcionando, nos
últimos quatro séculos, para fabricar a Modernidade e o assim
chamado *sujeito moderno*. Foi com base em Foucault que se
pôde compreender a escola como uma eficiente dobradiça
capaz de articular os poderes que aí circulam com os saberes
que a enformam e aí se ensinam, sejam eles pedagógicos ou
não. Por isso, é no estudo da obra do filósofo que se pode
buscar algumas maneiras produtivas de pensar o presente,

---

[1] FOUCAULT *apud* DELEUZE, 1991, p. 121.

[2] BOURDIEU, 1984.

bem como novas e poderosas ferramentas para tentar mudar o que se considera ser preciso mudar.

Por outro lado, não se deve procurar no pensamento foucaultiano um suposto grande remédio, seja para a Educação, seja para o mundo. Foucault não é um salvacionista na medida em que, para ele, não existe o caminho, nem mesmo um lugar aonde chegar e que possa ser dado antecipadamente. Isso não significa que não se chegue a muitos lugares; o problema é que tais lugares não estão lá – num outro espaço ou num outro tempo (futuro) – para serem alcançados ou a nos esperar.

Mas se Foucault não é um grande remédio, ele é, sem dúvida, um grande estimulador. Ele pode funcionar assim como Nietzsche funciona: como um catalisador, um mobilizador, um ativador para o nosso pensamento e nossas ações. E certamente mais do que Nietzsche, Foucault nos traz detalhados estudos históricos com os quais e a partir dos quais ele constrói variadas ferramentas analíticas que podemos usar em nossas próprias pesquisas e nossas práticas sociais e educacionais. Assim, pode-se aplicar a Foucault o adjetivo de "edificante", seguindo a útil caracterização que Richard Rorty faz daqueles que ele mesmo chama de filósofos sistemáticos e de filósofos edificantes:

> Os grandes filósofos sistemáticos são construtivos e oferecem argumentos. Os grandes filósofos edificantes são reativos e oferecem sátiras, paródias, aforismos. Eles são *intencionalmente* periféricos. Os grandes filósofos sistemáticos, como os grandes cientistas, constroem para a eternidade. Os grandes filósofos edificantes destroem para o bem de sua própria geração. Os filósofos sistemáticos querem colocar o seu tema no caminho seguro de uma Ciência. Os filósofos edificantes querem manter o espaço aberto para a sensação de admiração que os poetas podem por vezes causar – admiração por haver algo de novo debaixo do sol, algo que não é uma representação exata do que já ali estava, algo que (pelo menos no momento) não pode ser explicado e que mal pode ser descrito.[3]

---

[3] RORTY, 1988, p. 286.

Mas isso não significa que Foucault deva ser tomado como um guru, como o chefe de uma seita, como o líder de uma religião, procedimento aliás um tanto comum no campo intelectual e, principalmente, no campo da Educação. Ele nunca quis ser um modelo, nem fundador de uma escola, mas quis, sim, que suas contribuições fossem tomadas como ferramentas, "como um instrumento, uma tática, um coquetel molotov, fogos de artifício a serem carbonizados depois do uso".[4] Então, como seguir Foucault se ele mesmo recusou as noções convencionais de autor, autoria, autoridade, obra e comentário?[5]

Isso significa que, a rigor, não existe algum método foucaultiano, a menos que se tome a palavra "método" num sentido bem mais livre do que os sentidos que lhe deu o pensamento moderno, principalmente a partir de Ramus e Descartes. Se entendermos "método", então, como "uma certa forma de interrogação e um conjunto de estratégias analíticas de descrição",[6] poderemos dizer que a arqueologia e a genealogia são mesmo métodos que, como veremos mais adiante, Foucault tomou emprestados de Nietzsche para desenvolver suas análises históricas. Aqui, sugiro que se tome o sentido de método bem mais próximo ao sentido que lhe dava a escolástica medieval: algo como um conjunto de procedimentos de investigação e análise quase prazerosos, sem maiores preocupações com regras práticas aplicáveis a problemas técnicos, concretos. Seja como for, pode-se compreender que o método em Foucault tem também o sentido de "determinadas formas de análise muito específicas",[7] algo que funciona sempre como uma vigilância epistemológica que tem, no fundo, uma teorização subjacente.

Se, a rigor, não existe um método foucaultiano, não existe, também, uma "teoria foucaultiana", se entendermos "teoria" como um conjunto de proposições logicamente

---

[4] Declaração de Foucault, de 1975, citada por SIMONS, 1995, p. 93.

[5] Para detalhes, vide FOUCAULT (1992) e os comentários de MIRANDA & CASCAIS (1992) e de ERIBON (1992).

[6] LARROSA, 1994, p. 37.

[7] DAVIDSON, 1992, p. 221.

encadeadas, que querem ser abrangentes, amplas e unificar tanto determinadas visões de mundo, quanto maneiras de operar nele e de modificá-lo. Também nesse ponto o filósofo se identifica com o pensamento pós-moderno, em que se enfraqueceram sobremaneira as tentativas de totalização, na medida em que a própria noção de totalidade foi abandonada. Lembro que tem sido comum caracterizar a pós-modernidade numa perspectiva de negação, isso é, pelo que ela não é, por aquilo que ela não quer fazer. Assim, o pensamento pós-moderno opera uma mudança, uma reversão, em relação às condições anteriores, próprias da Modernidade, tomada essa no plano histórico como quase sinônimo de Iluminismo.[8] É por isso que Robin Usher e Richard Edwards dizem que

> talvez tudo o que possamos dizer com algum grau de segurança é o que o pós-moderno não é. Certamente não é um termo que designa uma teoria sistemática ou uma filosofia compreensiva. Nem se refere a um sistema de idéias ou conceitos no sentido convencional; nem é uma palavra que denota um movimento social ou cultural unificado. Tudo o que podemos dizer é que ele é complexo e multiforme, que resiste a uma explanação redutiva e simplista.[9]

Assim, em vez de falarmos em uma teoria foucaultiana, é mais adequado falarmos em teorizações foucaultianas. Falar em teorizações – e não em teoria – ajuda a prevenir um tipo de conduta que não tem sido muito rara na pesquisa educacional em nosso País. Refiro-me às tentativas de "usar Foucault" para qualquer problema de investigação já posto, antes mesmo de assumir uma perspectiva foucaultiana para constituir aquilo que se pensa ser um problema de investigação. Há aí um duplo equívoco e uma conduta intelectual inadequada.

O primeiro equívoco é não compreender que as teorizações foucaultianas não são "pau para toda a obra"... No

---

[8] Para uma resumida – porém pertinente – discussão sobre os conceitos de Iluminismo, desde o célebre texto kantiano *Was ist Aufklärung*, vide Kiziltan *et al.* (1993).

[9] USHER & EDWARDS, 1994, p. 7.

pensamento de Foucault não há lugar para metanarrativas e para expressões do tipo "a natureza humana" e "a história da Humanidade", nem para certas palavras como "todos" e "sempre". Nas raras vezes em que tais expressões e palavras aparecem, elas se referem a períodos históricos e espaços geográficos bem delimitados. Também não há lugar para perguntas do tipo "o que é isso?" uma vez que, como demonstrou Ludwig Wittgenstein, uma tal pergunta revela que, no fundo, temos uma falta de clareza (ou "incômodo mental") sobre isso. Mas, se o problema é filosófico ou mesmo apenas conceitual, essa falta de clareza não é de natureza empírica – caso em que poderia haver sentido numa pergunta desse tipo. Ao formular perguntas do tipo "que é isso?" sobre questões de ordem filosófica, geram-se mal-entendidos aos quais denominamos problemas filosóficos.[10]

Assim, se quisermos adotar uma perspectiva foucaultiana, não devemos partir de conceitos, nem devemos nos preocupar em chegar a conceitos estáveis e seguros em nossas pesquisas, já que acreditar que eles tenham tais propriedades é acreditar que a própria linguagem possa ser estável e segura – uma suposição que não faz o mínimo sentido nessa perspectiva. Muito mais interessante e produtivo é perguntarmos e examinarmos como as coisas funcionam e acontecem e ensaiarmos alternativas para que elas venham a funcionar e acontecer de outras maneiras.

O *segundo equívoco* é pensar que os problemas de pesquisa estão aí, soltos no mundo, à espera de qualquer teoria para serem resolvidos. Esse é um equívoco bastante comum e não se restringe ao pensamento de Foucault. Ele deriva de um mau entendimento das relações entre teoria e prática, entre linguagem e mundo. Tal equívoco significa não compreender que é preciso uma teorização – ou, pelo

---

[10] Nesse contexto, é conhecida a pergunta de Santo Agostinho, nas Confissões (XI/14): "*Quid est ergo tempus? Si nemo ex me quærat scio; si quærenti explicare velim, nescio.*" (Que é, por conseguinte, o tempo? Se ninguém me pergunta, eu sei; se quiser explicar a quem me fizer a pergunta, já não sei). (WITTGENSTEIN, 1979, § 89, p. 9).

menos, uma visão de mundo[11] – na qual, ou a partir da qual, se estabelece aquilo que chamamos de problemas (a serem pesquisados ou resolvidos).

Se os enunciados e as palavras que constituem uma teoria "só têm significado na corrente do pensamento e da vida",[12] não há como separar teoria e prática. A própria teoria é indissociável da prática, ou talvez seja melhor dizer: a teoria já é uma prática. Ao mesmo tempo, não há prática – ou, pelo menos, prática que faça sentido, que seja percebida como tal – sem uma teoria no "interior" da qual ela, a prática, faça sentido. Um tal entendimento afasta a possibilidade de qualquer pensamento como produto de uma atividade "puramente" racional, mas, ao contrário, assume a imanência radical entre as palavras e as coisas.

A conduta intelectual que adjetivo de *inadequada* consiste em querer se valer da perspectiva foucaultiana porque Foucault está na moda. Isso é sempre tão ruim quanto o seu contrário: rejeitar um autor, uma teoria ou uma perspectiva simplesmente porque eles saíram de moda – ou porque se supõe que eles tenham saído de moda. Isso equivale, respectivamente, a uma afirmação abstrata e a uma negação abstrata. Ambas revelam incompetência e incapacidade intelectual; ambas nos levam a tomar decisões irracionais. É claro que, no jogo das trocas simbólicas que se operam no mundo acadêmico, não se pode esquecer que ora uns autores são moeda forte, enquanto que outros são infames; e, não raro, os papéis se invertem. Mas, entrar de cabeça nesse jogo, colocando as fichas apenas nas variáveis prestígio, moda, exibicionismo, vaidade e afetação, depende do que cada um quer ou é capaz de ser e fazer... Seja como for, o que me parece importante é averiguar se as ferramentas da *arqueologia*, da *genealogia* e das *tecnologias do eu* – que Foucault tomou emprestado de Nietzsche e desenvolveu em suas próprias pesquisas – são de fato adequadas e úteis

---

[11] Uma visão de mundo já é ou implica, de certa maneira, uma forma de teorização sobre o mundo.

[12] WITTGENSTEIN *apud* SPANIOL (1989, p. 141).

para aquilo que pretendemos fazer em nossas investigações e interrogações.

Mesmo superados ou resolvidos esses dois equívocos e evitada a conduta intelectual inadequada, adotar as ferramentas que o filósofo nos disponibiliza – ou adotar a sua perspectiva analítica – não implica atribuirmos tranquilamente o rótulo de foucaultianos a nós e às nossas pesquisas. É preciso ter cuidado com isso não em decorrência de alguma suposta exigência iniciática ou porque seja necessário obter algum registro ou licença acadêmica – aliás, procedimentos não raros em relação a outros autores e outras perspectivas. Não há certificação nem carteirinha de foucaultiano. O problema é outro; e, ao mesmo tempo, mais simples e mais complexo. Ao querer ser tomado como "fogos de artifício a serem carbonizados depois do uso", Foucault aponta para o fato de que não há muito sentido em alguém se declarar foucaultiano, visto que segui-lo significa, necessariamente, tentar sempre usá-lo e ultrapassá-lo, deixando-o para trás. Assim, ser fiel à sua filosofia significa, ao mesmo tempo, ser-lhe infiel, sem que aí exista necessariamente uma contradição. Trata-se, então, de uma fidelidade negativa. E é por isso que Foucault às vezes é desconcertante[13] e até mesmo parece um enigma.[14] Isso é assim em parte porque ele não se alinha com a imensa maioria dos filósofos modernos, mas, ao contrário, ele se coloca fora da tradição platônica e dá as costas ao pensamento moderno.

Ao dar as costas ao pensamento moderno, Foucault não assume as metanarrativas que marcaram profundamente a nossa tradição ocidental, principalmente ao longo dos últimos três ou quatro séculos. Na contramão da corrente, ele não quer criar um sistema, nem mesmo alguma teoria filosófica, mas quer dar liberdade à sua filosofia.[15] O que o move é, no

---

[13] TAYLOR (1992, p. 69) começa um artigo sobre Foucault com duas palavras: "Foucault desconcerta".

[14] É com uma mesma frase que dois especialistas britânicos iniciam em dois textos sobre o filósofo: "Michel Foucault é um enigma" (BALL, 1990; MARSHALL, 1990).

[15] RAJCHMAN, 1987.

fundo, uma permanente suspeita; suspeita que se contorce e se volta até mesmo contra sua própria filosofia e sua intensa militância política, como se ele quisesse se libertar até de si mesmo. A esse respeito, Edson Passetti nos lembra que Foucault "não se comprometia com um estado civil. Se sua obra pode ser compreendida como inventora de liberdades, Foucault não quis e não fez por ser apreciado como um anarquista, muito menos como um liberal".[16]

Ainda que sua preocupação seja manter a liberdade da Filosofia, raramente Foucault usa a palavra liberdade.[17] Diferentemente da tradição da Filosofia Política, da Ética, da Sociologia, ele sempre trata a liberdade de modo velado, indireto. Ele nos fala não mais daquela liberdade abstrata (porque sonhada), própria de nossa natureza (noção que ele rejeita), que seria alcançada pela revolução e que caracterizaria nossa maioridade humana (concepção que ele também rejeita). Se Foucault quer alguma liberdade, não é, como queria Kant, para "purificar-se dos erros e avançar mais no caminho do esclarecimento".[18] Foucault nos fala de uma liberdade que chamo de homeopática, concreta, cotidiana e alcançável nas pequenas revoltas diárias, quando podemos pensar e criticar o nosso mundo. Assim, ele quer ser útil para nós:

> Meu papel – mas esse é um termo muito pomposo – é o de mostrar às pessoas que elas são muito mais livres do que pensam ser; que elas têm por verdadeiros, por evidentes, alguns temas que foram fabricados num momento particular da história, e que essa suposta evidência pode ser criticada e destruída.[19]

Disso tudo resulta, entre outras coisas, que será sempre problemático tentar enquadrá-lo dentro de alguma escola ou tendência ou criar um rótulo para a sua filosofia. Mais do que pensar que isso é difícil – e isso é mesmo difícil, seja lá

---

[16] PASSETTI, 2002, p. 123.

[17] VAZ, 1992.

[18] KANT, sd, p. 108.

[19] FOUCAULT, 1994a, p. 778.

de que autor se trate –, é preciso compreender que, para o pensamento pós-moderno, nem mesmo faz sentido dedicar-se a tais exercícios de classificação. Assim, talvez seja mais prudente, mais correto, entender o pensamento foucaultiano como uma perspectiva; e, se quisermos compreendê-la melhor, será bastante útil marcar sua posição por aproximações e distanciamentos, descrevê-la e estudá-la por contraste com outros pensamentos e outras perspectivas.

Mas dizer que Foucault dá as costas ao pensamento moderno não significa que ele se descarte de tudo o que a Modernidade e o Iluminismo construíram; e também não significa, muito menos, que ele vá *contra* o pensamento moderno. Vejamos, por exemplo, o caso da razão. Rajchman demonstra que "Foucault é um kantiano sumamente paradoxal – que conseguiu adquirir notoriedade como um irracionalista".[20] Essa qualificação (ou desqualificação?) de irracionalidade – que, aliás, Rajchman não assume – advém, em parte, do fato de Foucault trabalhar sobre uma perspectiva que amplia o conceito moderno de Razão, ao pulverizá-la. Ele faz isso não para destruir ou abandonar a razão, mas sim para distribuí-la em múltiplos "lugares", para mostrar o seu caráter contingente, histórico, construído e, desse modo, para poder "aplicá-la" em múltiplas situações, deduzi-la de diferentes circunstâncias.[21]

A crítica foucaultiana à racionalidade moderna não quer jogar fora a própria racionalidade, mas quer, sim, colocar em xeque a ideia iluminista, unificadora e totalitária de Razão – exatamente porque a entende só como uma ideia, isso é, como uma construção idealista. Seja como for, é importante notar que o kantismo foucaultiano se revela pela aderência intransigente e permanente à reflexão crítica racional. Mas aí é preciso tomar dois cuidados.

O *primeiro cuidado*: como o próprio Foucault explica, não se trata de uma crítica transcendental, seja ela ancorada

---

[20] RAJCHMAN, 1987, p. 89.

[21] Lembremos o quanto isso se aproxima do regionalismo epistemológico de Gaston Bachelard.

num outro mundo, seja ela enganchada no céu; mas se trata, sim, de uma crítica que é arqueológica e genealógica.

> Arqueológica – e não transcendental – no sentido de que ela não procurará depreender as estruturas universais de qualquer conhecimento ou de qualquer ação moral possível; mas de tratar tanto os discursos que articulam o que pensamos, dizemos e fazemos, como os acontecimentos históricos. E essa crítica será genealógica no sentido de que ela não deduzirá, da forma do que somos, o que para nós é impossível fazer ou conhecer; mas ela deduzirá, da contingência que nos fez ser o que somos, a possibilidade de não mais ser, fazer ou pensar o que somos, fazemos ou pensamos.[22]

A crítica foucaultiana é uma *crítica da crítica*, que está sempre pronta a se voltar contra si mesma para perguntar sobre as condições de possibilidade de sua existência, sobre as condições de sua própria racionalidade. Nesse sentido, é uma crítica cética e incômoda: ela mais pergunta – até mesmo sobre si mesma – do que explica. Ela torce e se retorce sobre ela mesma, revisando-se e desconstruindo-se permanentemente. Em outras palavras, "ao invés de tomar a forma de uma explicação de por que motivos devemos recusar os limites de nosso presente, essa crítica é uma análise dos nossos próprios limites".[23] Por isso, costumo chamá-la de *hipercrítica*.[24]

Na perspectiva hipercrítica, o social não é tomado como cenário no qual acontece a história e no qual se dão processos epistemológicos que de certa forma o transcenderiam e/ou o precederiam. Em outras palavras, o social não é o cenário em que sujeitos constroem e articulam conhecimentos graças a uma racionalidade intrínseca, fruto de uma capacidade genética inata e colocada em ação com base em um interacionismo inscrito numa suposta condição humana e

---

[22] FOUCAULT, 2000, p. 348.

[23] SIMONS, 1995, p. 23.

[24] VEIGA-NETO, 1995.

humanizante.[25] Não se trata, outrossim, de entender o social como substrato que molda e é moldado pela ação humana.

A hipercrítica está sempre em movimento; não em busca de um ponto de fuga que seria o núcleo da Verdade e com base no qual fosse possível traçar a perspectiva das perspectivas, mas que simplesmente se desloca sem descanso, sobre ela mesma e sobre nós. Nesse sentido, costumo referir que essa é uma crítica desancorada de qualquer entidade subjetiva *a priori* – chamemo-la Espírito, Deus, Razão, Uno, Ideia, Consciência etc.[26] É no mundo concreto – das práticas discursivas e não discursivas – que essa crítica vai buscar as origens dessas mesmas práticas e analisar as transformações que elas sofrem. E, sendo assim, entende-se melhor o que significa dizer que essa crítica se apoia, sempre provisoriamente, no acontecimento. E, dado que não há um fundo estável, único, no qual firmar uma âncora, talvez a metáfora mais apropriada, nesse caso, seria dizer que a crítica foucaultiana não se amarra senão em suportes, sempre na superfície da história; são suportes provisórios, contingentes, mutáveis, como assim é a própria história.

A desancoragem da crítica foucaultiana – como, de resto, da crítica pós-estruturalista – ajuda-nos a compreender quando se diz que seu trabalho é desterritorializar, desfamiliarizar, levar ao estranhamento. Na ausência de um porto único, de um fundo firme, de um gancho no céu, todos os portos são portos de passagem. Por isso, Foucault diz: "Mas o que é filosofar hoje em dia – quero dizer, a atividade filosófica– senão o trabalho crítico do pensamento sobre o próprio pensamento?".[27] Fugidia, como uma potência do pensamento que nos faculta filosofar e problematizar infinita e indefinidamente, essa crítica tem sempre presente que nenhuma questão tem resposta definida, definitiva e acabada e que até mesmo forçar respostas não é o melhor caminho.

---

[25] WALKERDINE, 1988.

[26] VEIGA-NETO, 1997.

[27] FOUCAULT, 1994, p. 13.

Por isso, a crítica foucaultiana não tem aquele caráter salvacionista e messiânico que é tão comum nos discursos pedagógicos: "Isso está errado e eu tenho a solução; quem me seguir fará a coisa certa". A crítica implica uma analítica que não acusa nem lastima, uma vez que isso significaria pressupor, de antemão, uma verdade, um mundo melhor, em relação à qual e ao qual a análise se daria. Se quisermos um mundo melhor, teremos de inventá-lo, já sabendo que conforme vamos nos deslocando para ele, ele vai mudando de lugar. À medida que nos movemos para o horizonte, novos horizontes vão surgindo, num processo infinito. Mas, ao invés de isso nos desanimar, é justamente isso que tem de nos botar, sem arrogância e o quanto antes, a caminho.

O *segundo cuidado*: no caso de Foucault, o *racional* não é um *a priori*. A crítica racional foucaultiana não é tomada, como queria Kant, como caminho para a dignidade e para uma suposta maioridade humana, senão que é tomada como um *ethos*, "como uma atitude filosófica e cotidiana que precisa de 'permanente reativação'".[28] Esse *ethos* leva a uma atitude de permanente reflexão e transgressão a que Foucault chamou de *atitude-limite*, ou seja, uma atitude não de simples negação, mas de se colocar sempre nas fronteiras para tentar ultrapassá-las, ir adiante dos limites que elas parecem impor a nós. O ethos fica bem claro quando o próprio filósofo diz que o pensamento crítico implica "uma verificação constante".[29]

É da combinação entre a atitude-limite e a desancoragem da crítica que resulta um novo conceito de liberdade. Levantados os constrangimentos que uma Razão transcendental impunha, tudo se torna possível. Assim, a liberdade deixa de ser tanto um ideal de vida a ser vivida num tempo de maioridade humana e num lócus utópico e privilegiado – a suposta vida a que se chegaria pelo caminho da boa racionalidade –, quanto um estado de vida presente em que um conjunto de "obrigações mútuas de agentes racionais [faz com que todos obedeçam as leis morais universais".[30] Na perspectiva

---

[28] KIZILTAN, BAIN & CAÑIZARES, 1993, p. 219.

[29] FOUCAULT, 1995, p. 232.

[30] RAJCHMAN, 1987, p. 90.

foucaultiana, a liberdade passa a ser a possibilidade de exercitar a atitude-limite como caminho para a crítica e para a mudança, ou seja, a liberdade passa a ser entendida como a "nossa real capacidade de mudar as práticas em que somos constituídos ou nos constituímos como sujeitos morais".[31]

As duas questões que me parecem mais polêmicas, no que tange às aproximações e afinidades de Foucault, são as suas relações com Kant e com o estruturalismo.

Quanto à primeira delas – e indo além do que já comentei até aqui –, sigo Gilles Deleuze[32]: com Foucault, estamos diante de um neokantismo, cuja principal diferença em relação ao filósofo alemão decorre da ideia de que o que interessa, para o francês, "são as condições da experiência real, e não as de toda experiência possível". Tais condições "estão do lado do 'objeto', do lado da formação histórica, e não de um sujeito universal (o próprio *a priori* é histórico); ambas são formas de exterioridade".[33]

Quanto à segunda questão, muitos autores consideram que a arqueologia está impregnada do estruturalismo francês dos anos 60 do século passado. Certamente, esse não é o caso da genealogia. De qualquer maneira, os atritos intelectuais entre Foucault e os estruturalistas, principalmente na vertente marxista, foram notáveis. Para registrar o quanto Foucault rejeitou o estruturalismo (principalmente a partir de *As palavras e as coisas*), cito textualmente quatro passagens suas[34]:

> Eu não vejo quem possa ser mais antiestruturalista do que eu.
>
> Deixem-me proclamar, de uma vez para sempre, que não sou um estruturalista.
>
> Não sou, de modo algum, um estruturalista, já que os estruturalistas, dos anos 50 e 60, tinham essencialmente como alvo definir um método que fosse, senão univer-

---

[31] *Idem.*

[32] DELEUZE, 1991, p. 69

[33] Para uma discussão mais detalhada dessa questão, vide VEIGA-NETO, 1995.

[34] Respectivamente: FOUCAULT, 1992c, p. 5; FOUCAULT, 1993c, p. 205; FOUCAULT, 2003b, p. 229; FOUCAULT, 1994b, p. 89.

> salmente válido, ao menos geralmente válido para toda uma série de objetos diferentes: a linguagem, os discursos literários, os relatos míticos, a iconografia, a arquitetura... Esse não é, absolutamente, o meu problema.
>
> Eu acuso explicitamente de mentir, e de mentir desavergonhadamente, pessoas como Piaget que dizem que eu sou um estruturalista. Piaget não pode tê-lo dito senão por engano ou por estupidez: eu deixo a ele a escolha.

Vários especialistas têm estudado as afinidades e possíveis conexões entre Foucault e outros autores e outras perspectivas filosóficas, sociológicas, históricas, literárias etc. Discutindo o estruturalismo, a fenomenologia, a hermenêutica, a teoria física dos campos, o marxismo e a psicanálise, Barry Smart[35] empreendeu uma interessante revisão sobre o que se pode denominar conexões foucaultianas. Quanto às (des)semelhanças entre as críticas foucaultiana e frankfurtiana, o estudo de Alex Honneth[36] é bastante esclarecedor, especialmente no que concerne à primeira geração da Escola de Frankfurt. Quanto aos atritos entre Foucault e Habermas, há vários estudos importantes; a revisão feita por Rui Magalhães[37] é útil para uma primeira aproximação ao problema.

Voltando às influências nietzschianas sobre o pensamento foucaultiano, cabe registrar o estudo de Roberto Machado.[38] Com a agudeza e profundidade que lhe é peculiar, Machado mostra que o, digamos, "estilo nietzschiano de pensamento", não fenomenológico e não dialético, chegou a Foucault não tanto por intermédio do comentário filosófico, mas principalmente pela via da literatura de autores como Blanchot, Bataille e Klossowski.

Também é importante escutar do próprio Foucault o que ele tem a dizer acerca das suas raízes e ligações filosóficas. A entrevista sobre o estruturalismo e o pós-estruturalismo que ele concedeu, em 1983, é muito reveladora.[39] No mesmo

---

[35] SMART, 1992.

[36] HONNETH, 1993.

[37] MAGALHÃES, 1993.

[38] MACHADO, 2000.

[39] FOUCAULT, 2000a.

FOUCAULT & A EDUCAÇÃO

sentido, textos como "Verdade e subjetividade", "Nietzsche, a genealogia e a história" e "Nietzsche, Freud e Marx"[40] ajudam muito a compreender a sua posição em relação ao pensamento contemporâneo.

A escuta direta ao filósofo ficou bastante facilitada nos últimos anos, em nosso país. A cada ano surgem traduções de seus textos, conferências, entrevistas etc. Até mesmo a monumental coletânea francesa conhecida como *Dits et écrits*, publicada pela Gallimard, está quase toda traduzida para a língua portuguesa. Soma-se a isso que cada vez fica mais fácil e rápido – mas não mais barato... – adquirir material bibliográfico da grande maioria das editoras e livrarias do mundo.

Encerro este capítulo relacionando algumas referências de livros e artigos de cunho ora mais genérico, ora mais metodológico, acerca do pensamento de Foucault; a essas referências devem ser adicionadas as outras que vou citando ao longo deste livro. Espero que elas sejam úteis para quem quiser se valer da perspectiva foucaultiana, seja para suas próprias investigações, seja para saber *como se* pode trabalhar *com e a partir* de Foucault, no campo da Educação. Alguns desses materiais são mais acessíveis do que outros, em nosso país.

Nos últimos anos cresceu muito a produção bibliográfica nesse campo. Mesmo no Brasil, onde ainda é bastante forte a adesão à Teoria Educacional Crítica,[41] cada vez se encontram mais e mais artigos, teses e livros tratando do filósofo, ora discutindo aspectos de sua obra, ora "usando-o" diretamente ou como pano de fundo em pesquisas educacionais. Desse modo, o que segue – como aliás acontece com qualquer relação bibliográfica – contém omissões e esquecimentos; o que piora tudo isso é o fato de que a divulgação e a distribuição de livros e revistas técnicas é ainda bastante falha, entre

---

[40] Respectivamente: FOUCAULT, 1993c; FOUCAULT, 1992f; FOUCAULT, 1997.

[41] E isso para não falar de uma subliteratura pedagógica que grassa entre nós, às vezes meio de autoajuda, às vezes meio salvacionista, e outras vezes meio ufanista acerca do poder da escola...

nós. Seja como for, o que me parece muito interessante e produtivo é sempre recorrer diretamente às pesquisas que se valem de Foucault, a fim de examinar como ele é "usado" em cada caso. Nesse sentido, ao longo deste livro vou traçando um mapa das muitas alternativas de que hoje se dispõem; algumas delas são mais gerais, outras são bem específicas para determinadas questões educacionais.

Reitero que à relação abaixo devem ser acrescidas as demais referências que constam no restante deste livro.

Em termos mais gerais e especialmente metodológicos, a obra de Gavin Kendall e Gary Wickham – *Using Foucault's methods*[42] – é bastante detalhada e útil. Trata-se de um livro de fôlego, repleto de conceitos, esquemas e sugestões para o uso das ferramentas arqueológicas e genealógicas. No mesmo sentido vai a obra de Michael Dean – *Critical and effective histories: Foucault's methods and historical sociology.*[43] Julián Gonzalez, em *Michel Foucault: una filosofía de la acción,*[44] traz muitas contribuições úteis e bastante detalhadas sobre o pensamento e a produção bibliográfica de Foucault.

Em termos explanatórios gerais sobre o pensamento do filósofo, destacam-se os livros de Inês Araújo – *Foucault e a crítica do sujeito*[45] –, de Antônio Pereira – *A analítica do poder em Michel Foucault*[46] –, de André Queiroz – *Foucault: o paradoxo das passagens*[47] –, de José Ternes – *Michel Foucault e a idade do homem*[48] –, de Alec McHoul e Wendy Grace – *A Foucault Primer: discourse, power and the subject*[49] –, de Salah Riza – *Michel Foucault: de l'archiviste au militant*[50] –,

---

[42] KENDALL & WICKHAM, 1999.

[43] DEAN, 1994.

[44] GONZALES, 1989.

[45] ARAÚJO, 2001.

[46] PEREIRA, 2003.

[47] QUEIROZ, 1999.

[48] TERNES, 1998.

[49] MCHOUL & GRACE, 1993.

[50] RIZA, 1997.

FOUCAULT & A EDUCAÇÃO

de Franck Évrard – *Michel Foucault et l'histoire du sujet en Occident*[51] –, de Frédéric Gros – *Michel Foucault*[52] – e os clássicos de Barry Smart – *Michel Foucault*[53] – e de Angèle Kremer-Marietti – *Introdução ao pensamento de Michel Foucault*.[54] Além desses, a coletânea editada por Mike Gane e Terry Johnson – *Foucault's new domains*[55] – traz importantes discussões, de vários autores, sobre questões foucaultianas variadas. Esse é o caso, também, da coletânea de David Hoy – *Foucault: a critical reader*.[56]

Sobre algumas possíveis "aplicações" foucaultianas ao campo da Educação, a coletânea organizada por Stephen Ball – *Foucault y la Educación: disciplinas y saber*[57] – é particularmente útil, trazendo várias pesquisas exemplares que vão do trabalho docente à avaliação educacional, passando pela política, pelo ensino e pelas práticas disciplinares.

David Blades – *Procedures of power and curriculum change* – traz sugestões relevantes, úteis e específicas para a pesquisa no campo do currículo.

Para aqueles que pesquisam ou pretendem pesquisar numa perspectiva foucaultiana, há alguns artigos que são muito interessantes para se pensar o que se pode fazer e o que não se pode fazer com Foucault e *a partir* dele. São práticos e úteis, em termos metodológicos.[58]

O clássico e muito conhecido livro de José Guilherme Merquior – *Michel Foucault ou o niilismo de cátedra*[59] – traz críticas cáusticas a Foucault e sua obra. No mesmo sentido,

---

[51] ÉVRARD, 1995.

[52] GROS, 1996.

[53] SMART, 1992.

[54] KREMER-MARIETTI, 1977.

[55] GANE & JOHNSON, 1993.

[56] HOY, 1992.

[57] BALL, 1993. Nas referências que faço a HOSKIN (1990), a MARSHALL (1990) e ao próprio BALL (1990a), usei a versão original dessa obra (BALL, 1990).

[58] Vide, entre outros, FISCHER (2002, 2002A); RAGO (1995); MAIA (1995).

[59] MERQUIOR (1985).

vai a pouco conhecida coletânea marxista organizada por Horacio Tarcus – *Disparen sobre Foucault*.[60]

As obras biográficas de Didier Eribon – *Michel Foucault: 1926-1984* e *Michel Foucault e seus contemporâneos*[61] – e de James Miller – *La pasión de Michel Foucault*[62] – são úteis para situar o filósofo no meio intelectual e político de seu tempo.

---

[60] TARCUS (sd).

[61] Respectivamente: ERIBON (1990) e ERIBON (1996).

[62] MILLER, 1995.

SEGUNDA PARTE

Domínios foucaultianos

CAPÍTULO II

Os três Foucault? ou A sempre difícil sistematização

> *Atenção aos sistemáticos. Há uma comédia dos sistemáticos: querendo preencher o seu sistema e arredondar o horizonte que o envolve tentam, à força, pôr em cena os seus pontos fracos no mesmo estilo que os pontos fortes –querem apresentar-se como naturezas acabadas, de uma força monolítica.*[1]

Já foram feitas várias tentativas de sistematizar e periodizar a obra e o pensamento de Michel Foucault; mas todas elas têm suas próprias inconsistências. E como acontece com qualquer classificação ou periodização, o que se ganha em termos didáticos perde-se em rigor.

A maior parte dos especialistas costuma falar em três fases ou etapas, conhecidas pelas denominações de *arqueologia, genealogia e ética*. Trata-se de uma sistematização que combina os critérios metodológico e cronológico. À primeira fase – arqueológica –, correspondem as obras que vão de *História da loucura*[2] (1961) até *A arqueologia do saber*[3] (1969), passando por *O nascimento da clínica*[4] e *As palavras e as*

---

[1] NIETZSCHE, 1983, p. 175.

[2] FOUCAULT, 1978.

[3] FOUCAULT, 1987.

[4] FOUCAULT, 2003.

coisas.[5] A segunda fase – genealógica – começa com *A ordem do discurso*[6] (1971) e vai até o primeiro volume de *História da sexualidade – a vontade de saber*[7] (1976), passando por *Vigiar e punir*[8]. À terceira fase – ética –, pertencem os volumes 2 e 3 de *História da sexualidade – o uso dos prazeres*[9] e *O cuidado de si*[10] – publicados pouco mais de um mês antes da morte de Foucault, em 1984.

Alguns outros especialistas centram-se mais no critério cronológico, falando apenas em fases I, II e III. Seja como for, é muito comum que se fale em três Foucault...

O quadro 1 permite visualizar comparativamente a sistematização do pensamento e das obras principais de Foucault, nas três fases tradicionais, segundo os critérios metodológico e cronológico.

QUADRO 1

Os três Foucault, segundo os
critérios metodológico e cronológico

Critério metodológico				
Arqueologia		**Genealogia**		**Ética**
HL, NC, PC, AS		OD, VP, HSVS		HSUP, HSCS

---

[5] FOUCAULT, 1992a.

[6] FOUCAULT, 1996.

[7] FOUCAULT, 1993.

[8] FOUCAULT, 1989.

[9] FOUCAULT, 1994.

[10] FOUCAULT, 1985.

FOUCAULT & A EDUCAÇÃO

Critério cronológico				
fase 1	*pausa*	**fase II**	*pausa*	**fase III**
1954	1961	PC, AS, OD	1975 1976	1984
	HL		VP, HSVS	HSUP, HSCS

HL – *História da Loucura*   PC – *As Palavras e as Coisas*

AS – *A Arqueologia do Saber*   OD – *A Ordem do Discurso*

VP – *Vigiar e Punir*   HSVS – *A Vontade de Saber*

HSUP – *O Uso dos Prazeres*   HSCS – *O Cuidado de Si*

NC – *O Nascimento da Clínica*

Como Deleuze sugeriu, a cada fase pode-se fazer corresponder uma das perguntas fundamentais que nortearam Foucault: "que posso saber?", "que posso fazer?" e "quem sou eu?".[11] A cada fase corresponde um problema principal colocado pelo filósofo e uma correlata metodologia.

Mas aí surgem alguns problemas. O principal deles é que na terceira fase não há um método novo; a ética é um campo de problematizações que se vale um pouco da arqueologia e muito da genealogia, o que leva alguns a falar que, no terceiro Foucault, o método é arqueogenealógico.[12] Outro problema refere-se ao uso da palavra *método*. Nesse contexto, essa palavra deve ser cercada de ressalvas, uma vez que é preciso dar a ela uma conotação bastante menos rígida do que a tradição moderna vem fazendo de Descartes para cá. Assim, muitos consideram discutível tomar a arqueologia e a genealogia como metodologias – pelo menos no "sentido forte" dessa palavra, a ponto de usá-la como critério demarcatório de uma obra tão vasta e tão complexa. Um problema a mais: o próprio Foucault explicou algumas vezes, no início da década de 70, como havia se deslocado

---

[11] DELEUZE, 1991.

[12] DAVIDSON, 1992.

da arqueologia para a genealogia, ainda entendendo que as análises genealógicas serviam de apoio e complemento às análises arqueológicas. Num diálogo com Paul Rabinow, assim se expressou Foucault: "A arqueologia define e caracteriza um nível de análise no domínio dos fatos; a genealogia explica ou analisa no nível da arqueologia".[13]

Além de tudo isso, como demonstrou Alan Sheridan, logo depois o filósofo deixou de se referir à arqueologia e não mais recorreu nem mesmo à nomenclatura e aos conceitos que havia criado ao longo do seu primeiro domínio.[14] Segundo Hubert Dreyfus & Paul Rabinow (1983), isso foi assim porque Foucault talvez tivesse se dado conta do fracasso – ou, pelo menos, das limitações – da arqueologia e teria, então, "evoluído" para a genealogia. Mas esse entendimento não é partilhado por outros especialistas, de modo que a questão é polêmica.

Mas, mesmo que a periodização foucaultiana não tivesse tais problemas, ela ainda pode nos induzir a alguns equívocos. Ainda que bastante prática, ela sugere que, em termos de metodologia e de problemas, Foucault tenha percorrido uma sequência cronológica, com rupturas entre uma fase e a subsequente. Tal não aconteceu. Além do mais, tal periodização leva a pensar que cada fase encerre uma teoria e um conjunto de técnicas suficientes e independentes uma da outra – do discurso, do poder e da subjetivação. Mas, ao invés de separação entre elas, o que se observa claramente é uma sucessiva incorporação de uma pela outra, num alargamento de problematizações e respectivas maneiras de trabalhá-las.

Soma-se a tudo isso que não só o abandono da arqueologia tenha sido apenas aparente – pois é possível reconhecê-la implícita em textos tardios produzidos pelo filósofo[15] – como o próprio enfoque genealógico já está presente em *História da loucura*. E mais, é preciso reconhecer que também n'As pala-

---

[13] FOUCAULT *apud* MOREY, 1991, p. 16.

[14] SHERIDAN, 1981.

[15] DAVIDSON, 1992; BEVIS, COHEN & KENDALL, 1993.

vras e as coisas e n'*A arqueologia do saber* estavam presentes alguns dos elementos centrais da genealogia nietzschiana, os quais seriam retomados explícita e detalhadamente a partir de *Vigiar e punir*. Além disso, a *História da loucura* está mais próxima de Vigiar e punir do que d'*As palavras e as coisas*. E mais: referindo-se ao famoso texto "Nietzsche, a genealogia e a história",[16] Sheridan diz que "aquilo que impressiona o leitor de 'Nietzsche, a genealogia e a história' é o quão intimamente a descrição que Foucault faz da genealogia nietzschiana se aplica à sua própria arqueologia".[17]

Enfim, quanto mais se adentra na obra foucaultiana, vai ficando mais difícil aceitar essa periodização convencional.

Parece-me que essa dificuldade encontrou uma saída quase satisfatória e bastante interessante, na proposta de Miguel Morey, para quem cabe fazer uma tripartição, mas tomando como ponto de partida outro critério. Para ele, é melhor começar da pergunta foucaultiana sobre a ontologia do presente para se chegar aos três eixos em torno dos quais se poderia ordenar a obra do filósofo.[18]

Mas, em que consiste a ontologia do presente? Talvez a maneira mais simples de responder tal pergunta seja partir da famosa questão kantiana "quem somos nós?" – uma variante da pergunta "que é isso?" e que tem ocupado a expressiva maioria das filosofias contemporâneas e, em especial, as epistemologias modernas, todas elas se debatendo, então, em torno da analítica da verdade. A ontologia do presente é uma ontologia crítica de nós mesmos; ela desloca a questão (kantiana) para uma outra questão, também já presente em Kant, porém enfatizada por Nietzsche e que pode ser formulada da seguinte maneira: "que se passa com nós mesmos?". Essa nova pergunta põe em relevo o sentido e o valor das coisas que acontecem conosco no nosso presente, não mais perguntando sobre as condições necessárias para determinar

---

[16] FOUCAULT, 1992f.

[17] SHERIDAN, 1981, p. 115.

[18] MOREY, 1991.

a verdade das coisas – até porque, para Nietzsche, a verdade é histórica e, em consequência, é função daquilo "que se passa com nós mesmos". Assim, a questão kantiana – que se pretendia transcendental – subordina-se à questão nietzschiana – que é contingente. Nesse novo registro, o que importa não é *descobrir o que somos nós*, sujeitos modernos; o que importa é perguntarmos como chegamos a ser o que somos, para, a partir daí, podermos *contestar aquilo que somos*. É de tal contestação que se pode abrir novos espaços de liberdade, para que possamos escapar da dupla coerção política que a Modernidade inventou e que nos aprisiona: de um lado, a individualização crescente; de outro lado e simultaneamente, a totalização e a saturação das coerções impostas pelo poder. Assim, sublinhada a centralidade da ontologia do presente na obra de Foucault, Morey está correto em tomá-la como critério para uma sistematização menos (digamos) mecânica e nada temporal da obra do filósofo.

Resumindo, os três eixos propostos por Morey têm em comum a nossa ontologia histórica; diferenciam-se um do outro em função de como Foucault entende a constituição dessa ontologia: pelo *saber (ser-saber)*, pela *ação de uns sobre os outros (ser-poder)* e pela *ação de cada um consigo próprio (ser-consigo)*. Ou, se quisermos, como nos constituímos como *sujeitos de conhecimento*, como *sujeitos de ação sobre os outros* e como *sujeitos de ação moral sobre nós mesmos*. Ao primeiro eixo, pertencem a *História da loucura, O nascimento da clínica*[19] e *As palavras e as coisas*; ao segundo, a *História da loucura* e *Vigiar e punir*; ao terceiro, a *História da loucura* e a *História da sexualidade*. Por aí, já se vê que a sistematização proposta por Morey leva a um agrupamento das obras principais de Foucault que é um pouco diferente do tradicional: os três eixos atravessam a *História da loucura*, ao passo que *A vontade de saber* separa-se de *Vigiar e Punir* e se aproxima do segundo e terceiro volumes da *História da Sexualidade*.

---

[19] FOUCAULT, 2003.

O quadro 2 sumaria a tripartição sugerida por Morey.

QUADRO 2

Os três Foucault, segundo os
critérios ontológico de Morey (1991)

Ser-saber	Ser-poder	Ser-consigo
como nos tornamos o que somos, como sujeitos...		
de conhecimento	de ação	constituídos pela moral
HL, NC, PC, AS	HL, VP, OD	HL, HS

HL – *História da Loucura* PC – *As Palavras e as Coisas*
AS – *A Arqueologia do Saber* OD – *A Ordem do Discurso*
VP – *Vigiar e Punir* HSVS – *A Vontade de Saber*
HSUP – *O Uso dos Prazeres* HSCS – *O Cuidado de Si*
NC – *O Nascimento da Clínica*

No caso da proposta de Morey, penso ser útil fazer um alerta. Não se deve entender a palavra eixo no sentido espacial, geométrico, o que poderia sugerir uma certa regionalidade no pensamento de Foucault. Roberto Machado[20] é cauteloso a esse respeito; para ele talvez seja melhor deixar isso com Deleuze – cuja perspectiva é, digamos, espacial –, e reservar para Foucault – cuja perspectiva é, antes de tudo, temporal, histórica – a expressão "fases". Concordo que isso é correto. Mas, em contrapartida, implica o problema de recolocar a noção de que haveria uma sucessão temporal em tais fases; como algo que existiu antes e não mais existe. Ao contrário, se usarmos "eixos", fica claro que eles se mantêm como referenciais e aglutinadores, ao longo de toda a obra do filósofo. Mais uma vez, o que se ganha por um lado, perde-se pelo outro... Além do mais, não se pode perder de vista que uma preocupação maior em sistematizar ou

---

[20] MACHADO, 1996.

periodizar um filósofo não sistemático – ou, se quisermos usar a expressão de Richard Rorty: um *filósofo edificante* – não faz muito sentido...

Enfim, é em parte por causa dessas dificuldades que, ao invés de falar em fases ou eixos, considero melhor usar a expressão *domínios foucaultianos*, com todas as ressalvas que discuti até agora. Descrevo e problematizo, nos capítulos a seguir, os três domínios em que se movimenta a obra de Foucault: os domínios do *ser-saber*, do *ser-poder* e do *ser-consigo*. Foi no primeiro e no segundo domínios que Foucault desenvolveu e aplicou, respectivamente, a arqueologia e a genealogia; por isso, discutirei esses dois métodos ao tratar dos respectivos domínios em que cada um deles é central.

CAPÍTULO III

O PRIMEIRO DOMÍNIO: O *SER-SABER*

*Não basta aprender o que tem de se
dizer em todos os casos sobre um objeto,
mas também como devemos falar dele.
Temos sempre de começar por aprender
o método de o abordar.*[1]

Se são *As palavras e as coisas* e *A arqueologia do saber* que melhor definem o primeiro domínio da ontologia foucaultiana, isso é, se são essas duas as obras básicas que estabelecem o domínio do "ser-saber", é na *História da loucura* que a arqueologia aparece pela primeira vez, como "a denominação menos de um método rígido, estável e preciso do que uma exigência e de uma tentativa, sempre renovada, de dar conta do discurso científico..."[2] Mas aí, Foucault ainda está às voltas com uma arqueologia que se pode chamar "da percepção". Essa expressão é usada por ele não num sentido psicológico ou fenomenológico, mas no sentido de um saber que está aquém de um conhecimento sistematizado. As percepções "não podem ser descritas em termos de conhecimento. Elas se situam aquém dele, lá onde o saber ainda está próximo de seus gestos, de suas familiaridades, de suas primeiras palavras".[3] É só a partir d'*As palavras e as coisas* que Foucault vai se ocupar com uma arqueologia "do

[1] WITTGENSTEIN, 1987, III, p. 431.
[2] MACHADO, 1982, p. 86.
[3] FOUCAULT, 1978, p. 446.

conhecimento" ou, talvez melhor, dos saberes. O filósofo usa saberes no sentido de teorias sistemáticas, que se manifestam por meio de discursos científicos tidos por verdadeiros, positivos e, por isso, aceitos e tomados em toda a sua positividade. Resumindo e simplificando: percepção e conhecimento são "modos" de saber.

Mas foi n'*A arqueologia do saber* que Foucault explicou detalhadamente como colocou a arqueologia em funcionamento para descobrir como nos tornamos, na Modernidade, o que somos como sujeitos de conhecimento e como assujeitados ao conhecimento. N'*As palavras e as coisas*, o filósofo mostrou de que maneiras diferentes modos de investigação buscaram, ao longo dos últimos três séculos, instituir uma nova entidade – o sujeito moderno – como um novo objeto de discursos, como um objeto que produz ou como um objeto que vive num mundo natural ou biológico. Esses três objetos que se instituem, respectivamente, no mundo da linguagem, no mundo das trocas e do trabalho, e no mundo da vida, rebatem-se num só: o sujeito. Considerando que a cada um desses mundos correspondem, também respectivamente, a Linguística, a Biologia e a Economia – as três grandes ciências dos séculos XVIII e XIX –, podemos imaginar cada um dos campos de saber que tais ciências encerram como se ocupasse uma face de um triedro, de modo que, aprisionado no interior dessas faces, paira o sujeito moderno. Assim, para Foucault, o sujeito moderno não está na origem dos saberes; ele não é o produtor de saberes mas, ao contrário, ele é um produto dos saberes. Ou, talvez melhor, o sujeito não é um produtor, mas é produzido no interior de saberes.

Mas, a rigor, *A arqueologia do saber* não afirma uma teoria. Não se trata de um livro teórico e, nem mesmo, de todo afirmativo, mas tão somente de uma exploração de possibilidades.[4] Na medida em que está inteiramente escrito no condicional, ele acaba funcionando como uma longa estratégia reflexiva. Além disso, não há como não notar as várias

---

[4] MOREY, 1991.

passagens quase jocosas, como se Foucault se mostrasse meio entediado em ter de escrever um livro para, digamos, justificar o monumental *As palavras e as coisas* perante seus críticos.[5]

Neste primeiro domínio, Foucault faz uma arqueologia dos sistemas de procedimentos ordenados que têm por fim produzir, distribuir, fazer circular e regular enunciados e "se ocupa em isolar o nível das práticas discursivas e formular as regras de produção e transformação dessas práticas".[6]

As práticas são particularmente relevantes para os historicismos. Mas numa perspectiva foucaultiana, a questão das práticas assume um caráter singular e fundamental:

> pela palavra *prática* [Foucault] não pretende significar a atividade de um sujeito, [mas] designa a existência objetiva e material de certas regras a que o sujeito está submetido desde o momento em que pratica o "discurso". Os efeitos dessa submissão do sujeito são analisados sob o título: "posições do sujeito".[7]

Assim, é o discurso que constitui a prática, de modo que tal concepção materialista implica jamais admitir qualquer "discurso fora do sistema de relações materiais que o estruturam e o constituem".[8]

O uso da palavra arqueologia indica que se trata de um procedimento de escavar verticalmente as camadas descontínuas de discursos já pronunciados, muitas vezes de discursos do passado, a fim de trazer à luz fragmentos de ideias, conceitos, discursos talvez já esquecidos. A partir desses fragmentos – muitas vezes aparentemente desprezíveis – pode-se compreender as epistemes antigas ou mesmo a nossa própria epistemologia e entender "*como* [e logo em seguida *por que*] os saberes apareciam e se transformavam".[9] A

---

[5] Na época de seu lançamento, *As palavras e as coisas* granjearam críticas negativas nos *Cahiers pour l'analyse e no esprit*, o que motivou Foucault a escrever *A arqueologia do saber*.

[6] DAVIDSON, 1992, p. 227.

[7] LECOURT, 1980, p. 91.

[8] LECOURT, 1980, p. 90.

[9] MACHADO, 1992, p. x.

metonímia implicada na palavra arqueologia se insere bem na tendência pós-moderna de dar relevo às partes, tantas vezes tidas como insignificantes, para tentar articulá-las e montar o todo. Mas esse todo não reintroduz a ideia de totalidade no sentido cartesiano. O todo não pode ser pensado antes, como um modelo prévio que se pensou e que se confirma após a montagem, já que isso seria a recuperação cartesiana do todo a partir das partes. Tanto a transnominação quanto a negação da ideia de totalidade são, no meu entender, exemplo do quanto Foucault, seguindo Nietzsche, despede-se do conceito moderno de método.

De certa maneira, isso tem correspondência com o que atualmente se chama "história vista de baixo", isso é, uma perspectiva de descrição e análise histórica que parte não das grandes narrativas oficiais – das elites, dos vencedores, dos grupos dominantes, das grandes obras etc. –, mas que parte de pequenas e (supostamente) insignificantes referências, narrativas obscuras, fragmentos de textos. Ambas – a história arqueológica e a "história vista de baixo" – são perspectivas que se encaixam bastante bem no pensamento pós-moderno, não totalizante, porém fragmentário.[10]

Uma distinção necessária –mas que nem sempre é feita com clareza – é a que existe entre a arqueologia e o campo da pesquisa histórica que se denomina "história das ideias". Ao procurar esclarecer as diferenças entre ambas, Foucault nos diz que, a propósito da determinação da novidade, a arqueologia busca definir

> os próprios discursos, enquanto práticas que obedecem a regras. Ela não trata o discurso como *documento*, como signo de outra coisa, [...]; ela se dirige ao discurso em seu volume próprio, na qualidade de *monumento*. Não se trata de uma disciplina interpretativa: não busca um "outro discurso" mais oculto.[11]

---

[10] Isso não significa, é claro, que os estudos históricos "vistos de baixo" estejam necessariamente afinados com o pensamento pós-moderno. Para mais detalhes sobre essa questão, cf. SHARPE, 1992.

[11] FOUCAULT, 1987, p. 159.

A propósito da análise das contradições, a arqueologia

> não procura encontrar a transição contínua e insensível que liga, em declínio suave, os discursos ao que os precede, envolve ou segue. [...] O problema dela é, pelo contrário, definir os discursos em sua especificidade; mostrar em que sentido o jogo das regras que utilizam é irredutível a qualquer outro.[12]

No que concerne às descrições comparativas, a arqueologia

> não é ordenada pela figura soberana da obra. [...] Não quer reencontrar o ponto enigmático em que o individual e o social se invertem um no outro. [...] A instância do sujeito criador [...] lhe é estranha.[13]

E, por fim, no que diz respeito às transformações, a arqueologia

> não procura reconstituir o que pôde ser pensado, visado, experimentado, almejado pelos homens no próprio instante em que proferiam o discurso [...]. Não é o retorno ao próprio segredo da origem; é a descrição sistemática de um discurso-objeto.[14]

Em termos de leitura de um texto, Cleo Cherryholmes diz que "o objetivo [da arqueologia] é dar conta de como um texto vem a ser o que é e não 'explicá-lo' ou 'interpretá-lo' ou dizer o que ele 'realmente' quer dizer".[15] Sendo assim, a arqueologia não "trata de interpretar o discurso para fazer através dele uma história do referente",[16] senão que, entendendo o discurso como "um conjunto de enunciados que se apóia em um mesmo sistema de formação",[17] a arqueologia pergunta sobre esse sistema de formação, o qual é entendido, sempre, como contingente e, por isso, variável.

---

[12] FOUCAULT, 1987, p. 159.

[13] FOUCAULT, 1987, p. 160.

[14] *Idem.*

[15] CHERRYHOLMES, 1993, p. 150.

[16] FOUCAULT, 1987, p. 54.

[17] FOUCAULT, 1987, p. 124.

Mas, ainda que a análise arqueológica seja, em última instância, uma descrição de discursos – em busca das regularidades que funcionam tal qual leis que governam as dispersões dos enunciados que compõem esses discursos –, ela, a arqueologia, não se limita aos acontecimentos discursivos, não se confina ao próprio discurso. A análise arqueológica busca, também, as articulações entre as práticas discursivas e toda a outra ordem de coisas que se pode chamar de práticas não discursivas, tais como as condições econômicas, sociais, políticas, culturais etc. Mas essas articulações não devem ser buscadas para que se revelem "grandes continuidades culturais ou [para se] isolar (*sic*) mecanismos de causalidade";[18] em outras palavras, as relações entre as práticas discursivas e as não discursivas não devem ser entendidas como causais, num ou noutro sentido. A arqueologia não pergunta sobre o que motivou a enunciação de um discurso, "(essa é a pesquisa dos contextos de formulação); não busca, tampouco, encontrar o que neles se exprime (tarefa de uma hermenêutica)".[19] A arqueologia procura "determinar como as regras de formação de que depende [...] podem estar ligadas a sistemas não-discursivos: procura definir formas específicas de articulação".[20] Assim, o que interessa para a história arqueológica é buscar as homogeneidades básicas que estão no fundo de determinada episteme. Essas homogeneidades são regularidades muito específicas, muito particulares, que formam uma rede única de necessidades *na, pela e sobre a* qual se engendram as percepções e os conhecimentos; os saberes, enfim.

Nesse sentido, a arqueologia – ao investigar as condições que possibilitaram o surgimento e a transformação de um saber – pretende fazer uma investigação mais profunda do que a empreendida pela própria ciência. Isso nos remete às relações entre arqueologia e epistemologia, as quais podem ser resumidas nas palavras de Roberto Machado:

---

[18] FOUCAULT, 1987, p. 186.
[19] FOUCAULT, 1987, p. 186.
[20] *Idem.*

Sabemos que a epistemologia tem como objeto as ciências por ela investigadas em sua historicidade a partir da constituição histórica de seus conceitos, isso é, quanto ao tipo de progresso que os caracteriza, quanto à conquista da objetividade, quanto à produção de verdade, quanto à instauração de critérios de racionalidade etc. A arqueologia, dando-se como objeto o saber, reinvindica a independência de suas análises com relação ao projeto epistemológico e seus critérios, a partir da primordialidade do saber com relação à ciência.[21]

A história arqueológica não se opõe propriamente à epistemologia; de certa forma, aceita-a naquilo que essa é e só pode ser: uma reflexão elaborada *por dentro* do conhecimento científico. Assim, entendendo a epistemologia como um saber filosófico atrelado a representações privilegiadas, circunstanciais, a arqueologia não confere àquela a possibilidade de encontrar a origem, a fundamentação do conhecimento. Mas não conferir à epistemologia essa possibilidade não significa nem que se considere que ela seja insuficiente ou fraca para fazê-lo, nem, muito menos, que a própria arqueologia advogue para si essa tarefa. A epistemologia não consegue encontrar a origem ou, talvez melhor dizendo, não consegue fundamentar ultimamente o conhecimento porque, numa perspectiva pós-moderna, simplesmente não existe, ou melhor, desaparece a busca de tal fundamentação.[22] Como espero já ter deixado claro, essa pretensão – porque não tem sentido numa filosofia edificante – está fora do horizonte de Foucault.

A arqueologia tem uma outra restrição à epistemologia: aquela também não concede a esta a possibilidade de escrutinar de maneira mais adequada, correta, verdadeira, a relação entre o pensamento e a realidade. Mas, novamente aqui, não porque a epistemologia não seja suficientemente

---

[21] MACHADO, 1982, p. 154.

[22] Com isso, de um só lance a arqueologia se livra das aporias do trilema münchhausiano de Hans Albert, o qual colocou dificuldades insuperáveis à lógica metafísica da fundamentação última. Para uma discussão filosófica mais detalhada dessas questões, cf. APEL, 1993 e MARTINS, 1993.

poderosa e hábil para fazê-lo ou, muito menos, que a arqueologia pretenda para si tal escrutínio ou algum estatuto de verdade. Aquele escrutínio não é possível simplesmente porque, como já referi, numa perspectiva pós-estruturalista isso que chamamos de realidade não é um dado externo a ser acessado pela razão, mas é, sim, o resultado de uma construção interessada. Não pode haver "uma leitura profunda da realidade",[23] com o "fim de desvelar a essência de seu significado",[24] porque "a realidade está na superfície".[25] Assim, desaparecendo a suposta diferença entre pensamento e realidade, esfuma-se o diferencial que tanto tem atormentado alguns epistemólogos.

Usando a metáfora do *iceberg* – que só revela para fora d'água uma mínima parte de seu volume –, Esther Díaz explica que a arqueologia não se ocupa diretamente com a interioridade do objetivado. Isso seria olhar por dentro da parte visível do *iceberg*; ainda que interessante ou importante, esse não é o caso para o arqueólogo. A leitura arqueológica não entra no objeto – como faria a epistemologia –, mas procura olhá-lo de fora e talvez principalmente de baixo para cima. Assim, para tratar de um objetivado, a arqueologia faz do seu objeto as práticas que estão por fora e que principalmente sustentam o objetivado. Seu objeto está submerso, sustentanto o visível do *iceberg*. Para essa filósofa, "fazer arqueologia é tentar descobrir, abaixo das águas, as práticas que sustentam o objetivado".[26]

Em termos pedagógicos e da pesquisa educacional, muitos autores se valeram e se valem da arqueologia para estudar principalmente as práticas discursivas que se engendraram para fazer da Pedagogia o que hoje ela é e representa, como um campo de saberes. Assim, por exemplo, em uma parte do interessante *Infância e poder: conformação da*

---

[23] GIROUX, 1993, p. 49.

[24] *Idem.*

[25] *Ibidem.*

[26] DÍAZ, 1995, p. 24.

pedagogia moderna,[27] Mariano Narodowski faz uma leitura arqueológica de vários textos de educadores modernos, para demonstrar que infância e saberes pedagógicos não mantêm entre si relação de causalidade ou precedência, mas, ao contrário, desenvolveram-se articuladamente, se escorando e reforçando mutuamente, ao longo dos últimos três ou quatro séculos. Nesse sentido, ele leva adiante aquilo que Foucault havia explicado em sua quinta conferência proferida no Rio de Janeiro, em 1973:

> Pedagogia se formou a partir das próprias adaptações da criança às tarefas escolares, adaptações observadas e extraídas do seu comportamento para tornarem-se, em seguida, leis de funcionamento das instituições e forma de poder exercido sobre a criança.[28]

Temos, em *Arqueología de la escuela*, um outro importante exemplo das possibilidades que a arqueologia apresenta para a Educação.[29] Nessa obra, Julia Varela e Fernando Alvarez-Uria desenvolvem uma minuciosa história arqueológica (e também genealógica) da escola moderna, mostrando, entre várias outras coisas, a íntima relação entre os saberes pedagógicos, o estatuto da infância, a emergência de um espaço fechado destinado à educação, o surgimento dos especialistas desse campo de saberes, a destruição de outras formas de educação e, por fim, a disseminação e obrigatoriedade da educação escolar na Modernidade. Além disso, os autores descrevem e problematizam todo um conjunto de verdades sobre a educação escolar, mostrando seu caráter construído e arbitrário – e, portanto, não natural. Entre tais verdades, destacam-se o caráter humanitário das escolas profissionalizantes populares, a criança como o bom selvagem, a escola como caminho para a maioridade humana, a necessidade de a escola exercer a tutela moral sobre as futuras gerações etc.

---

[27] NARODOWSKI, 2001.

[28] FOUCAULT, 1996b, p. 122.

[29] VARELA & ALVAREZ-URIA, 1991.

No campo dos estudos do currículo, temos um bom exemplo de análise arqueológica na tese de doutorado de Mariano Palamidessi – *El orden y detalle de las cosas enseñables: un análisis de los planes, programas y currículos para la escuela primaria*.[30] Analisando as transformações por que passaram os currículos oficiais na Argentina, esse autor mostra que as descontinuidades ocorridas ao longo dos últimos cem anos não guardam uma correspondência estrita com as mudanças macropolíticas que aconteceram naquele país, mas seguem uma lógica discursiva própria.

No Brasil, merece destaque *Infância e maquinarias*.[31] Nesse livro, Maria Isabel Bujes faz um uso pouco ortodoxo da arqueologia, sem que isso signifique um tratamento menos rigoroso do farto material analisado. Com base na revista Criança, e detendo-se principalmente no *Referencial Curricular Nacional para a Educação Infantil*, do Ministério da Educação, a autora mostra como se estabelece toda uma rede de discursos sobre a infância e, em especial, sobre a criança pequena, com o duplo objetivo de capturá-la produtivamente para o Estado, e de firmar determinados tipos de saberes pedagógicos que não apenas instituem um certo tipo de criança contemporânea, quanto nos ensinam como devemos lidar com ela.

Como mais um exemplo, vale referir o estudo de Mauro Grün – *A produção discursiva sobre a Educação Ambiental*.[32] Combinando a leitura arqueológica com a genealógica, esse autor se ocupou em examinar o conjunto de discursos que funcionou como condição de possibilidades para o surgimento da Educação Ambiental no cenário pedagógico contemporâneo. Junto com esse, os outros estudos que constam da mesma coletânea[33] poderão ser úteis para quem quiser conhecer algumas das possibilidades da arqueologia

---

[30] PALAMIDESSI, 2000.

[31] BUJES, 2003.

[32] GRÜN, 1995.

[33] VEIGA-NETO, 1995

"aplicada" à pesquisa educacional. A esses, acrescento o estudo feito por Luís Henrique Santos – *A Biologia tem uma história que não é natural*,[34] em que o autor analisa algumas articulações entre conhecimento biológico e pesquisa educacional. Isso é feito para mostrar o caráter construído de boa parte dos enunciados que compõem a complexa – e tida como natural... – malha discursiva no campo dos saberes biológicos.

---

[34] SANTOS, 2000.

| CAPÍTULO IV

O SEGUNDO DOMÍNIO: O *SER-PODER*

*Vigiai, pois, visto que não sabeis
quando o Senhor da casa voltará; se
à tarde, à meia-noite, se ao cantar do
galo, se pela manhã: para que, vindo
de repente, não vos encontre
dormindo. O que vos digo, digo a
todos: Vigiai!*

Marcos, 13:35-37

Ainda que Foucault tenha voltado já n'*A Ordem do discurso* – a famosa aula inaugural pronunciada em dezembro de 1971, no Collège de France – à questão do ser-saber, essa questão que ele havia iniciado uma década antes, na *História da loucura*, é só em 1975, com *Vigiar e punir*, que ele dedica a ela toda a sua força e atenção. É nesse livro – a que, curiosamente, ele chamou de "o meu primeiro livro"[1] – que Foucault coloca toda a ênfase na busca do entendimento acerca dos processos pelos quais os indivíduos se tornam sujeitos como resultado de um intrincado processo de objetivação que se dá no interior de redes de poderes, que os capturam, dividem, classificam. Como já referi, *Vigiar e punir* é considerado o marco inaugural da sua fase genealógica – uma fase que ele mesmo denominou "a segunda parte do meu trabalho".[2] O que passa a interessar a Foucault, então, é o poder enquanto

---

[1] EWALD, 1977, p. 12.

[2] FOUCAULT, 1995, p. 231.

elemento capaz de explicar como se produzem os saberes e como nos constituímos na articulação entre ambos. Assim, se ele estuda o poder não é para criar uma teoria do poder,[3] mas sim para desconstruir o operador diádico poder-saber que compõe a "ontologia histórica de nós mesmos nas relações de poder que nos constituem como sujeitos atuando sobre os demais".[4]

Ainda que atualmente seja comum considerar que o conceito nietzschiano de *genealogia* tenha sido uma apropriação feita apenas por Foucault, não há dúvida de que tanto alguns sociólogos clássicos – como Marx, Weber e Durkheim – tematizaram genealogicamente sobre várias categorias sociológicas,[5] quanto alguns historiadores e sociólogos atuais –como Anthony Giddens, em certa medida Eric Hobsbawn, mas, sobretudo, Norbert Elias – fizeram abordagens genealógicas sobre seus objetos de investigação. De qualquer maneira, foi Foucault quem, mais do que qualquer outro, explicitou o seu compromisso para com o método genealógico inventado por Nietzsche.

A genealogia faz um tipo especial de história. Como a palavra sugere, trata-se de uma história que tenta descrever uma gênese no tempo. Mas, na busca da gênese, a história genealógica não se interessa em buscar um momento de origem, se entendermos *origem* no seu sentido "duro", isso é, como uma solenidade de fundação em que "as coisas se encontravam em estado de perfeição",[6] ou se a entendermos como "o lugar da verdade".[7] Comentando Nietzsche, Foucault nos diz que "procurar uma tal origem é tentar reencontrar 'o que era imediatamente', o 'aquilo mesmo' de uma imagem exatamente adequada a si; [...] é querer tirar todas as máscaras para desvelar enfim uma identidade primeira".[8] Em vez de

---

[3] MACHADO, 1992.

[4] MOREY, 1991, p. 25.

[5] VARELA & ALVAREZ-URIA, 1995.

[6] FOUCAULT, 1992f, p. 18.

[7] *Idem.*

[8] FOUCAULT, 1992f, p. 17.

acreditar na metafísica, o genealogista deve escutar a história, em seu próprio funcionamento, em sua própria materialidade. Assim procedendo, ele aprende que "atrás das coisas há 'algo inteiramente diferente': não seu segredo essencial e sem data, mas o segredo que elas são sem essência, ou que sua essência foi construída peça por peça a partir de figuras que lhe eram estranhas".[9]

O maior compromisso da genealogia é com o *a priori* histórico; nas palavras de Michael Mahon, um *a priori* cujas "regras de formação discursiva são internas ao discurso",[10] e que, em vez de se alojar em supostas "estruturas transcendentais da mente, [... se] enraíza na história tumultuada das coisas que são ditas".[11] Mais uma vez, é preciso lembrar que invocar um campo fundante no presente, onde se aloje um objeto conceitual, para depois ir atrás de suas origens no passado, reintroduz (e supõe sempre) o ponto de vista supra-histórico; [...] uma história que nos permitiria nos conhecermos em toda a parte e dar a todos os deslocamentos passados a forma de reconciliação; [...]. Essa história dos historiadores constrói um ponto de apoio fora do tempo; ela pretende tudo julgar segundo uma objetividade apocalíptica; mas é que ela supôs uma verdade eterna, uma alma que não morre, uma consciência sempre idêntica a si mesma.[12]

Mas se entendermos *origem* num sentido fraco, isso é, como "tronco de uma raça, [como] *proveniência*",[13] como um ponto recuado no tempo em que o "Eu inventa para si uma identidade ou uma coerência",[14] então o genealogista busca, sim, as origens.

Esse paradoxo – ao mesmo tempo, a genealogia opõe-se e não se opõe à pesquisa da origem – é apenas aparente. Ele

---

[9] FOUCAULT, 1992f, p. 18.

[10] MAHON, 1992, p. 6-7.

[11] *Idem.*

[12] FOUCAULT, 1992f, p. 26.

[13] FOUCAULT, 1992f, p. 20.

[14] *Idem.*

deriva da dificuldade de traduzirmos, para o português como acontecera também com o francês, as palavras que haviam sido utilizadas por Nietzsche: de um lado, *Ursprung* (origem); de outro, *Herkunft* (ascendência) e *Entestehung* (emergência). De fato, no primeiro caso está suposta uma entidade supra-histórica, qual um motor ou um sopro que coloca em movimento a história e que, assim, a precede a partir de um lugar metafísico qualquer – seja da Economia, seja da Biologia, seja do Sobrenatural e assim por diante. Nesse caso, o historiador constrói uma história que segue o comando de uma metafísica que estaria acima e fora do tempo. Aí, todo acontecimento é redutível a um motor metafísico ou a um sopro divino e original; seja como for, todo acontecimento é tido, em princípio, como previsível e explicável, por mais difícil que seja fazê-lo. No segundo caso, "trata-se de destruir sistematicamente tudo isso",[15] ou seja, trata-se de não partir de pontos de apoio para explicar os acontecimentos, mas partir, sim, dos acontecimentos para explicar como se inventaram esses pontos de apoio. Isso corresponde a fazer uma história que se basta a si mesma; uma história numa perspectiva que Thomas Popkewitz denominou radical.[16] E é por isso, então, que o método genealógico pressupõe necessariamente um único a priori, que é histórico.

Em termos metodológicos, não existe um *vade-mecum* que nos oriente sobre como executar uma pesquisa genealógica. Talvez a maneira mais produtiva de contornar essa "carência" seja examinar como Nietzsche, Foucault e outros conduziram suas próprias investigações e, com base neles, construirmos nossas soluções e conduzirmos nossas próprias pesquisas. Seja como for, é preciso ter claros alguns pontos básicos.

Assim, por exemplo, na genealogia continuam as análises sobre os saberes, mas agora feitas de maneira diversa daquela que Foucault fez n'*As palavras e as coisas* e num

---

[15] FOUCAULT, 1992f, p. 27.
[16] POPKEWITZ, 1994.

FOUCAULT & A EDUCAÇÃO

escopo que vai muito além de analisar os discursos na forma da como é explicada n'*A arqueologia do saber*. É claro que, agora, os discursos também são lidos e analisados, mas isso é feito de modo a mantê-los em constante tensão com práticas de poder. Em decorrência da introdução do poder nas equações que analisam os discursos, a genealogia pode funcionar como uma

> insurreição dos saberes. Não tanto contra os conteúdos, os métodos e os conceitos de uma ciência, mas de uma insurreição sobretudo e acima de tudo contra os efeitos centralizadores de poder que são vinculados à instituição e ao funcionamento de um discurso científico organizado no interior de uma sociedade como a nossa. E se essa institucionalização do discurso científico toma corpo numa universidade ou, de um modo geral, num aparelho pedagógico, [...]? no fundo pouco importa. É exatamente contra os efeitos de poder próprios de um discurso considerado científico que a genealogia deve travar o combate.[17]

Assim, pode-se entender a genealogia como um conjunto de procedimentos úteis não só para conhecer o passado, como também, e muitas vezes principalmente, para nos rebelarmos contra o presente.

Além disso, é preciso atentar para o fato de que se aquilo que a genealogia quer descrever é a antítese das essências, o que se tem de fazer – como detalharei logo a seguir – é mapear as ascendências (*Herkunft*), na forma de condições de possibilidade para a *emergência* (*Entestehung*) do que hoje é dito, pensado e feito.[18] A genealogia evita proceder como é mais comum, a saber, partir da fixação de um objeto no presente, para depois ir ao passado, na tentativa de descobrir seu fundamento originário, sua *Ursprung*, a fim de chegar à sua suposta origem originalmente original...

Ascendência –que alguns traduzem como *proveniência* – é aqui entendida como uma investigação que não busca terrenos firmes, senão areias movediças, fragmentos,

---

[17] FOUCAULT, 1999a, p. 14.

[18] PARDO, 1995.

omissões e incoerências que haviam sido deixados de fora pela história tradicional. Talvez simplificando um pouco: a ascendência pergunta "de onde veio?". Por aí, a genealogia "mostra que as 'verdades históricas' descansam sobre um terreno complexo, contingente e frágil",[19] porque construído em cima de interpretações. A genealogia não se propõe a fazer uma outra interpretação mas, sim, uma descrição da história das muitas interpretações que nos são contadas e que nos têm sido impostas. Com isso, ela consegue desnaturalizar, desessencializar enunciados que são repetidos como se tivessem sido descobertas e não invenções. No campo da Educação, temos muitos exemplos emblemáticos. Assim, um enunciado como aquele que ajuda a sustentar o movimento pela interdisciplinaridade, no Brasil – "a inteligência humana é, por essência, interdisciplinar"[20] – são o produto de interpretações que surgiram na contingência histórica, mas que, dado o encaixe que mantêm com outras interpretações correlatas, parecem-nos óbvias e, portanto, autodemonstradas.

Emergência é a palavra que Foucault usa para designar o ponto de surgimento no passado, cuidando para que não se coloque, nesse passado, um conceito, uma ideia ou um entendimento que é do presente. Seguindo Nietzsche – para quem, desde a Primeira Dissertação d'*A genealogia da moral*, não se deve procurar entender o passado com base em categorias do presente[21] – Foucault diz que "colocando o presente na origem, a metafísica leva a acreditar no trabalho obscuro de uma destinação que procuraria vir à luz desde o primeiro momento".[22] De certa maneira, a epistemologia tradicional coloca o presente na origem e, bem por isso, ela arroga a si a capacidade de, estabelecendo os critérios para julgar o passado, tornar-se o tribunal do passado. Colocar o presente na origem é o mesmo que colocar a carreta na frente dos bois: querer encontrar pronto no passado aquilo que é

---

[19] MARSHALL, 1993, p. 23.

[20] GUSDORF, 1977, p. 16.

[21] NIETZSCHE, 1996.

[22] FOUCAULT, 1992f, p. 23.

próprio do presente e que se engendrou num quase sempre complexo processo histórico.[23] Em consequência, para a genealogia, nunca o presente pode ser o tribunal do passado.

Assim, estudar a emergência de um objeto – conceito, prática, ideia ou valor – é proceder à análise histórica das condições políticas de possibilidade dos discursos que instituíram e "alojam" tal objeto.[24] Não se trata de onde ele veio, *mas como/de que maneira e em que ponto* ele surge.

O conceito de emergência refere-se ao presente não como resultado final de uma evolução histórica, mas "como uma etapa no processo bélico de confrontação entre forças opostas em busca do controle e da dominação".[25] Esse conceito afasta radicalmente a genealogia tanto do funcionalismo quanto do historicismo tradicional, na medida em que, à maneira *whig*,[26] ambos entendem as instituições, ideias e feitos passados como versões incompletas ou menos desenvolvidas do que as atuais. Como se sabe, o "agora" *whig* é entendido como o resultado de uma evolução histórica sempre para melhor e orientada para atingir um fim mais completo e perfeito.

Mas as forças de que fala Foucault – e de que falava também Nietzsche – não estão nas mãos de alguns atores ou de algum grupo que as exerçam sobre outros. Elas não são colocadas em movimento como resultado de arranjos políticos ocultos; elas não emanam de algum centro, como o Estado (nem mesmo o absolutista). Ao contrário, tais forças estão distribuídas difusamente por todo o tecido social. Ao discutir o conceito nietzschiano de força, Scarlett Marton explica que

> não se pode dizer que ela [...] se desencadeia a partir de algo que a impulsiona; isso implicaria distingui-la de suas manifestações e enquadrá-la nos parâmetros da causalidade. [...] Agindo sobre outras e resistindo a outras mais,

---

[23] VEIGA-NETO, 1998.

[24] MACHADO, 1982, p. 188.

[25] MARSHALL, 1990, p. 23.

[26] *Whig* é a denominação do partido político conservador que, a partir de suas raízes inglesas, deu origem, nos Estados Unidos, ao Partido Republicano, em meados do século XIX.

ela tende a exercer-se o quanto pode, quer estender-se até o limite, manifestando um querer-vir-a-ser-mais-forte, irradiando uma vontade de potência.[27]

Aqui vale fazer uma rápida analogia com o conceito físico de força: de maneira simplificada, ela se manifesta como um agente (uma ação) capaz (que tem capacidade) de alterar o estado de um corpo. Pode-se entender tal capacidade como um poder da força, de modo que faz sentido chamarmos de poder a uma ação que se exerça sobre o estado de um corpo ou, mesmo, sobre a ação de um corpo. É isso que Foucault entende por poder: uma ação sobre ações.

Mas, mesmo estudando minuciosamente o funcionamento do poder, a rigor esse não é o objeto de Foucault; o poder entra em pauta como um operador capaz de explicar como nos subjetivamos imersos em suas redes. Foucault cuida para que suas análises genealógicas nem reifiquem o poder, nem o tomem antecipadamente como algo que emana de um centro –como o Estado, por exemplo. É por isso que ele dirá: "A genealogia é cinza. Ela trabalha com pergaminhos embaralhados, riscados, várias vezes reescritos",[28] de modo a capturar o poder em sua ação insidiosa, microscópica, microfísica, permanente e saturante. E mais: também a genealogia, como acontecera com a arqueologia, não tem "por objeto fundar uma ciência, construir uma teoria ou se constituir como sistema; o programa que elas formulam é o de realizar análises fragmentárias e transformáveis".[29]

O que fica claro de tudo isso é que o registro em que trabalha o genealogista é o mesmo do arqueologista. Assim por exemplo, como a arqueologia, a genealogia não acredita nem nas essências fixas, nem em leis universais, nem em fundamentos e finalidades metafísicas; ambas põem em evidência as rupturas onde se pensava haver continuidades; ambas desconfiam dos discursos unitários, generalizantes e

---

[27] MARTON, 1994, p. 17.

[28] FOUCAULT, 1992f, p. 15.

[29] MACHADO, 1992, p. xi.

FOUCAULT & A EDUCAÇÃO

emblemáticos. Mas vale a pena comentar alguns contrastes entre a arqueologia e a genealogia.

O que muda da arqueologia para a genealogia é principalmente a regionalidade e a ênfase que cada uma dá ao tempo envolvido nas mudanças dos saberes. Além disso e por causa disso, em geral mudam os "tamanhos" dos objetos.[30] A distinção que Miguel Morey faz entre uma e outra me parece apropriada:

> a diferença entre arqueologia e genealogia é aquela que existe entre um procedimento descritivo e um procedimento explicativo: a arqueologia pretende alcançar um certo modo de descrição (liberado de toda "sujeição antropológica") dos regimes de saber em domínios determinados e segundo um corte histórico relativamente breve; a genealogia tenta, recorrendo à noção de "relações de poder", o que a arqueologia deveria contentar-se em descrever.[31]

Quanto à amplitude e abrangência, Foucault explica que "a arqueologia seria o método próprio das análises das discursividades locais e a genealogia seria a tática que, a partir das discursividades locais assim descritas, colocam os saberes em jogo, liberados da sujeição, que surgem delas".[32]

Quanto à ênfase, a genealogia

> examina o processo, enquanto a arqueologia examina o "momento", por mais que estendido no tempo possa ser esse momento. A genealogia nos oferece uma perspectiva processual da teia discursiva, em contraste com uma perspectiva arqueológica, que nos fornece um instantâneo, um corte através do nexo discursivo.[33]

Para alguns, a introdução posterior, mas ainda dentro do segundo domínio, de um terceiro elemento metodoló-

---

[30] CASCAIS, 1993.

[31] MOREY, 1991, p. 14.

[32] FOUCAULT, sd, p. 17.

[33] BEVIS, COHEN & KENDALL, 1993, p. 194.

gico – que Foucault denominou *estratégia* – foi mais "uma tentativa de ligar a arqueologia à genealogia, priorizando a segunda. Uma vez declarado o primado da genealogia, a arqueologia parece ter ficado rebaixada a mera ferramenta metodológica, enquanto a genealogia desfruta o *status* 'supervisor' de *techné* de investigação".[34]

O uso do conceito de *techné* de investigação é importante na medida em que vai ao encontro das palavras do próprio Foucault, quando esse diz que a genealogia é uma "atividade", uma "maneira de entender", um "modo de ver as coisas"[35] ou uma "perspectiva de trabalho".[36] Com isso, evita-se levar longe demais os muitos significados de método, de alargar demais uma polissemia cuja amplitude e variabilidade pode causar mais problemas do que soluções.

Em termos do *corpus* de análise, neste segundo domínio, Foucault estuda as transformações de certas práticas institucionais, transformações essas que ocorreram na passagem do Antigo para o Novo Regime.[37] De maneira muito detalhada, ele nos mostra que principalmente no âmbito de algumas instituições – a que ele chama de *instituições de sequestro*, como a prisão, a escola, o hospital, o quartel, o asilo – passa-se dos suplícios, como castigos e violências corporais, para o disciplinamento que cria corpos dóceis. Mas seu estudo não é de natureza criminológica, legal, pedagógica, sanitarista, estratégica ou moral; nem é feito para simplesmente relatar

---

[34] *Idem.*

[35] FOUCAULT (sd).

[36] ABRAHAM (sd).

[37] Foucault designa de *Antigo Regime* ou *Época Clássica* o período histórico que vai do fim do Renascimento até a época da Revolução Francesa (1789), e de *Novo Regime* –e, às vezes, de *Modernidade*– o que lhe sucede. Mas é preciso entender que, para Foucault, *Modernidade* designa menos um período da História e mais uma atitude, ou seja, "um modo de relação que concerne à atualidade; uma escolha voluntária que é feita por alguns; enfim, uma maneira de pensar e de sentir, uma maneira também de agir e de se conduzir que, tudo ao mesmo tempo, marca uma pertinência e se apresenta como uma tarefa" (FOUCAULT, 2000, p. 341-342). Lembro que, ao não se preocupar com alguma periodização estrita, o filósofo acabou desagradando boa parte dos historiadores contemporâneos.

FOUCAULT & A EDUCAÇÃO

uma história das punições. Ainda que se valha de relatos e prescrições legais e morais, o objetivo de Foucault é traçar uma genealogia das relações entre o poder e o saber, para mapear a ontologia do presente, em termos do *ser-poder*.

Com isso, ele mostra também que a docilização do corpo é muito mais econômica do que o terror. Esse leva à aniquilação do corpo; aquela mobiliza o corpo e retira-lhe a força para o trabalho. Assim, se o terror destrói, a disciplina produz. Temos, aqui, um bom exemplo do caráter positivo da analítica foucaultiana: ela não é feita para lastimar ou acusar um objeto analisado – no caso, a disciplina –, mas sim para compreendê-lo em sua positividade, isso é, compreendê-lo naquilo que ele é capaz de produzir, em termos de efeitos.

Mas, para chegar até aí, ele precisa traçar, antes, a genealogia do *poder disciplinar* e, logo em seguida, do *biopoder*.

Foi principalmente em Vigiar e punir e nos cursos que ministrou no *Collège de France*, nos anos de 1970, que Foucault mostrou como surgiram, a partir do século XVII, novas técnicas de poder que, centradas no corpo dos indivíduos, implicaram resultados profundos e duradouros até mesmo no âmbito macropolítico. Tais técnicas tomam o corpo de cada um na sua existência espacial e temporal, de modo a ordená-lo em termos de divisão, distribuição, alinhamento, séries (no espaço) e movimento e sequenciação (no tempo), tudo isso submetido a uma vigilância constante. Foucault está falando aí de práticas disciplinares e de vigilância como uma ação que institui e mantém tais práticas; ele está falando de disciplinamento e panoptismo.

Ao recorrer ao *Panopticon*, idealizado por Jeremy Bentham no século XIX, Foucault nos mostra o quão econômica é essa máquina óptica, ao possibilitar que uns poucos fiscalizem eficiente e permanentemente a ação de muitos, não importando se isso se dá numa prisão, num hospital, numa fábrica, num asilo, numa escola. E importa pouco se, a partir de então, o panoptismo realizou-se sempre e nos seus mínimos detalhes, em todas essas instituições. O que importa é que, em maior ou menor grau, ele de fato logo passou a comandar o funcionamento de tais instituições, qual um denominador comum entre todas elas.

Basicamente, a lógica do dispositivo panóptico se baseia em três elementos arquitetônicos: *um espaço fechado*, de preferência circular, todo *dividido em celas* e com *uma torre central*. Da torre pode-se enxergar todas as celas que a cercam; mas a recíproca não é verdadeira, visto que de cada cela não se deve enxergar quem está na torre e nem mesmo as outras celas. Trata-se de um dispositivo que "instaura então uma dissimetria brutal da visibilidade", uma vez que "os dois princípios fundamentais da construção panóptica são a posição central da vigilância e sua invisibilidade. Cada um se justifica independentemente do outro".[38] Por isso, pouco importa se a vigilância que emana da torre seja mesmo constante, esteja sempre ali; o que importa é que aquele que é vigiado saiba que está sempre à mercê do olhar do vigilante, ainda que não saiba exatamente quando está sendo vigiado. Nas palavras de Foucault: "Daí o efeito mais importante do panóptico: induzir no detento um estado consciente e permanente de visibilidade que assegura o funcionamento automático do poder. Fazer com que a vigilância seja permanente em seus efeitos, mesmo que seja descontínua em sua ação".[39]

Mas, além de colocar em funcionamento aqueles dois princípios fundamentais da vigilância – a sua *posição central* e a sua *invisibilidade* –, a máquina panóptica ativa outros mais: o princípio da *totalidade* – pois ninguém deve escapar à sua ação –; o princípio da *minúcia* – pois ela observa os mínimos detalhes –; o princípio da *saturação* – pois, pelo menos virtual ou potencialmente, ela não descansa (e não dá descanso...) –; o princípio da *individualização* – pois ela segmenta uma massa humana, até então informe, em unidades individuais, alcançáveis, descritíveis e controláveis; o princípio da economia – pois com pouco investimento obtém-se muito resultado. Ao promover a "observação indi-

---

[38] MILLER, 2000, p. 78.

[39] FOUCAULT, 1989, p. 177-178.

vidualizante, a caracterização, a classificação e a organização analítica da espécie", o panóptico substitui, eficiente e economicamente, a distribuição individual aleatória e informe por "um grupamento específico e o rei pela maquinaria de um poder furtivo".[40]

O panoptismo é, assim, o dispositivo que conseguiu inverter o espetáculo, seja esse uma missa, uma apresentação teatral, um show musical, um comício, um circo, seja uma sessão pública de castigo, suplício e morte. Ao invés de a multidão assistir ao que acontece com uns poucos, são uns poucos que assistem ao que acontece com a multidão.

Tal inversão dos olhares funcionou como condição de possibilidade para o aparecimento correlato de duas novidades modernas fortemente conectadas uma à outra: no plano dos indivíduos, o *poder disciplinar*; no plano coletivo, a sociedade estatal. A transformação de uma sociedade de soberania para uma sociedade estatal, isso é, a *estatização da sociedade* está indissoluvelmente ligada ao caráter disciplinar dessa sociedade.

Comecemos pelos caminhos que levam à emergência do poder disciplinar.

Em termos dos "tipos" de poder em ação, o poder disciplinar veio "substituir" o poder pastoral e o poder de soberania.[41] Para avaliar melhor o alcance desse fenômeno, é preciso compreender o poder pastoral na forma pela qual ele se institucionalizou nas práticas cristãs medievais. O poder pastoral se exerce segundo um conjunto de princípios. Ele é vertical: emana de um pastor de quem depende o rebanho; mas, por sua vez, o pastor também depende do rebanho. Ele é *sacrificial e salvacionista*: o pastor tem de estar pronto para se sacrificar pelo seu rebanho, se for preciso salvá-lo; e salvação significa, aqui, a garantia de uma vida eterna não

---

[40] FOUCAULT, 1989, p. 179.

[41] Como o poder disciplinar enfeixa as, digamos, vantagens e algumas propriedades do pastoreio e da soberania, deve ser dado um sentido fraco à palavra "substituição", associando-a com "incorporação" ou, talvez, "acoplamento".

terrena. Ele é *individualizante e detalhista*: o pastor tem de conhecer cada ovelha, o mais detalhadamente possível, para que possa melhor orientar e governar cada uma.

Por outro lado, fora do campo religioso, o poder político exercido pelo soberano – que podemos chamar de poder de soberania – valeu-se em parte da lógica do pastoreio; mas, ao contrário do poder pastoral, o poder de soberania não pode ser salvacionista, nem piedoso, nem mesmo é individualizante. São coisas que não cabem ao soberano, se ele quer ser mesmo soberano... Assim, de certa maneira, o poder de soberania tem um *deficit* em relação ao poder pastoral.

A solução moderna para o *deficit* veio com o poder disciplinar. Foi ele que, como poder individualizante e microscópico, calcado nas práticas de vigilância, preencheu o vácuo, resolvendo a deficiência de ordem política que assolava a soberania: o poder disciplinar se apresentou como uma saída econômica e eficiente para a crescente dificuldade de levar o olhar do soberano a toda a parte, numa sociedade europeia que se complexificava, crescia e se espalhava pelo mundo afora.[42] De certa maneira, o poder disciplinar permitiu que a lógica do pastoreio se expandisse do âmbito religioso – das relações entre o pastor e suas ovelhas – para o âmbito sociopolítico mais amplo – das relações entre o soberano e seus súditos. Mas, ao acontecer tal expansão, o soberano pôde ser demitido de seu papel e de suas funções, ou seja, ele pôde ser mandado para casa, pois as tecnologias disciplinares já poderiam dar conta do controle social. A entrada de um novo dispositivo óptico – que teve na arquitetura panóptica seu suporte material – tornou o olhar do rei um anacronismo, muito menos eficiente e muito menos econômico.

Foucault chamou de sociedade estatal àquela que pôde se despedir do olhar do rei graças à entrada do poder disciplinar no jogo político. O Estado moderno nasceu, assim, da combinação entre o – ou talvez melhor: da invasão do...

---

[42] Isso funcionou como condição de possibilidade para o expansionismo colonialista europeu, que se intensificou a partir do século XVIII.

– poder pastoral e/sobre o poder de soberania. O pastoreio, que havia sustentado a hegemonia do cristianismo na Europa por mais de um milênio,

> ampliou-se subitamente por todo o corpo social; encontrou apoio numa multiplicidade de instituições. E, em vez de um poder pastoral e um poder político, mais ou menos ligados um ao outro, mais ou menos rivais, havia uma tática individualizante que caracterizava uma série de poderes: da família, da medicina, da psiquiatria, da educação e dos empregadores.[43]

Em muitos momentos, essa invasão *do* poder pastoral no plano político do corpo social, ou seja, a invasão de um poder individualizante num coletivo civil de uma sociedade estatal, não se deu isenta de contradições. Pode-se compreender o Estado de Bem-Estar Social, esse Estado Providência do século XX, como uma tentativa de compatibilizar as tensões geradas por tais contradições.[44] Assim, é preciso entender a noção contemporânea de "educação como direito" nesse quadro de referência, num Estado que é, "ao mesmo tempo, individualizante e totalitário".[45] Disso resulta a ampliação do papel conferido à escola como instituição de regulação social, de modo que o deslocamento neoliberal a que hoje se assiste – da "educação como direito" para a "educação como mercadoria" – terá implicações que vão além do que as análises marxistas costumam apontar.[46]

Vimos que o grande objetivo das tecnologias de vigilância é, pela via disciplinar, fabricar corpos dóceis. Como mostraram Dreyfus & Rabinow,[47] tal fabricação se dá por um duplo movimento: somos primeiramente objetificados numa rede disciplinar, composta por microscópicas divisões

---

[43] FOUCAULT, 1995, p. 238.

[44] FOUCAULT, 2003a.

[45] FOUCAULT, 2003a, p. 385.

[46] Para uma discussão mais detalhada dessa questão, cf. MARSHALL (1994), PETERS (1994), VEIGA-NETO (2000a) e, especialmente, DEAN (1999).

[47] DREYFUS & RABINOW (1995).

espaciais e temporais; quase ao mesmo tempo, vamos nos enxergando como sujeitos nessa rede – uma rede que parece invisível para nós, motivo pelo qual pensamos que o disciplinamento é natural. Como expliquei em outro lugar, a análise genealógica permite que se compreendam "as inúmeras práticas que acontecem no ambiente escolar como técnicas que se combinam e dão origem a uma verdadeira tecnologia, cujo fim é tanto alcançar os corpos em suas ínfimas materialidades quanto imprimir-lhes o mais permanentemente possível determinadas disposições sociais".[48] Mas, se o corpo é o alvo desse conjunto de técnicas ortopédicas, não se pode esquecer que, para Foucault, é por intermédio do corpo que se fabrica a alma, visto que "a alma é, ao mesmo tempo, o produto do investimento político do corpo e um instrumento do seu domínio".[49] Assim, trata-se, ao mesmo tempo, de uma ortopedia física e moral.[50]

É mais do que óbvio o papel que a escola desempenhou nas transformações que levaram da sociedade de soberania para a sociedade estatal. Não é demais insistir que, mais do que qualquer outra instituição, a escola encarregou-se de operar as individualizações disciplinares, engendrando novas subjetividades e, com isso, cumpriu um papel decisivo na constituição da sociedade moderna. A escola "foi sendo concebida e montada como a grande – e (mais recentemente) a mais ampla e universal – máquina capaz de fazer, dos corpos, o objeto do poder disciplinar; e assim, torná-los dóceis";[51] além do mais, a escola é, depois da família (mas, muitas vezes, antes dessa), a instituição de sequestro pela qual todos passam (ou deveriam passar...) o maior tempo de suas vidas, no período da infância e da juventude. Na medida em que a permanência na escola é diária e se estende ao longo de vários anos, os efeitos desse processo disciplinar de subjetivação são notáveis. Foi a partir daí que se estabe-

---

[48] VEIGA-NETO, 2000, p. 11-12.

[49] EWALD, 1993, p. 51.

[50] MAIA, 1998.

[51] VEIGA-NETO, 2000, p. 17.

leceu um tipo muito especial de sociedade, à qual Foucault adjetivou de disciplinar.

Vale fazer aqui dois esclarecimentos.

Em primeiro lugar, dizer que a disciplina fabrica corpos dóceis não significa dizer que ela fabrica corpos obedientes. Falar em corpos dóceis é falar em corpos maleáveis e moldáveis; mas não se trata, aí, de uma modelagem imposta, feita à força. Ao contrário, o que é notável no poder disciplinar é que ele "atua" ao nível do corpo e dos saberes, do que resultam formas particulares tanto de estar no mundo – no eixo corporal –, quanto de cada um conhecer o mundo e nele se situar – no eixo dos saberes.[52] Daí advêm duas consequências muito importantes e que se dão tanto no eixo corporal quanto no eixo dos saberes. A primeira consequência: pensando também disciplinarmente, cada um vê a disciplinaridade do e sobre o próprio corpo não apenas como algo necessário, mas como uma necessidade necessariamente natural. A segunda consequência: a disciplina funciona como uma matriz de fundo que permite a inteligibilidade, a comunicação e a convivência total na sociedade.[53] Mesmo que não sejamos todos igualmente disciplinados, todos compreendemos – ou devemos compreender... – *o que é ser e como se deve ser* disciplinado.

Em segundo lugar, ainda que o rei tenha sido mandado para casa, não se deve pensar que o problema da soberania tenha sido eliminado com o advento do Estado moderno. O que aconteceu foi uma tríplice aliança entre soberania, disciplina e gestão governamental, entendida essa última como uma nova arte de governamento exercida minuciosamente, ao nível do detalhe individual e, ao mesmo tempo, sobre o todo social. Como explicou Foucault, não aconteceu uma simples "substituição de uma sociedade de soberania por uma sociedade disciplinar e desta por uma sociedade de governo"[54] É neste ponto que entra em cena o conceito

---

[52] VEIGA-NETO, 1996.

[53] EWALD, 1993.

[54] FOUCAULT, 1992e, p. 291.

foucaultiano de *governamentalidade*,[55] para designar as práticas de governamento ou da gestão governamental que "têm na população seu objeto, na economia seu saber mais importante e nos dispositivos de segurança seus mecanismos básicos".[56] Para Foucault, o Estado moderno havia se governamentalizado como resultado de uma sequência de eventos e arranjos políticos: partindo das Sociedades da Lei dos *Estados de Justiça* – na Idade Média –, e passando pela sociedade de regulamento e disciplina dos *Estados Administrativos* – nos séculos XV e XVI –, havia chegado à sociedade de segurança dos *Estados de Governo* (ou Estados modernos) – a partir do século XVIII.

Depois dessas discussões sobre o poder disciplinar, vejamos como Foucault tematizou sobre um novo tipo de poder, o *biopoder*, que apareceu no final do século XVIII. Tomando o corpo coletivamente, num conjunto de corpos, esse novo poder inventou um novo corpo, a *população*; mas agora trata-se, ao contrário do poder disciplinar, de um corpo com uma multiplicidade de cabeças.

Não se trata da substituição de um poder por outro, pois o biopoder até mesmo precisa das técnicas disciplinares; mas ele se coloca numa "outra escala, tem outra superfície de suporte e é auxiliado por instrumentos totalmente diferentes".[57] Trata-se de um poder que se aplica à vida dos indivíduos; mesmo que se fale nos corpos dos indivíduos, o que importa é que tais corpos são tomados naquilo que eles têm em comum: a vida, o pertencimento a uma espécie. Se o poder disciplinar fazia uma anátomo-política do corpo, o biopoder faz uma biopolítica da espécie humana. Trata-se de uma biopolítica porque os novos objetos de saber que se criam "a serviço" do novo poder destinam-se ao controle da própria espécie; e a população é o novo conceito que se cria

---

[55] Felizmente, são poucas as traduções para a língua portuguesa que, em vez de governamentalidade, registram erroneamente governabilidade. Para uma discussão detalhada sobre isso, vide VEIGA-NETO (2002b).

[56] MACHADO, 1992, p. XXIII.

[57] FOUCAULT, 1999a, p. 289.

para dar conta de uma dimensão coletiva que, até então, não havia sido uma problemática no campo dos saberes.

A população é esse "novo corpo: corpo múltiplo, corpo com inúmeras cabeças, se não infinito pelo menos necessariamente numerável".[58] E, para compreender e conhecer melhor esse corpo, é preciso não apenas descrevê-lo e quantificá-lo – por exemplo: em termos de nascimentos e mortes, fecundidade, morbidade, longevidade, migração, criminalidade etc. –, mas, também, jogar com tais descrições e quantidades, combinando-as, comparando-as e, sempre que possível, prevendo seu futuro a partir do seu passado. Há aí a produção de múltiplos saberes, dos quais são bons exemplos a Estatística, a Demografia e a Medicina Sanitária. E há aí um duplo objetivo: controlar as populações e prever seus riscos (ou os riscos que elas podem impor a nós mesmos...). E para que isso seja possível, será sempre preciso investir política e ativamente sobre esse corpo múltiplo, com a força do biopoder. Isso tem de ser feito não mais ao nível do detalhe do corpo individual, como continuava e continua sendo feito na disciplina, mas sim ao nível da vida coletiva mediante a regulamentação.

Estabelecem-se, assim, dois conjuntos de mecanismos complementares e articulados entre si, que ocupam esferas diferentes: na esfera do corpo, o poder disciplinar atuando por meio de mecanismos disciplinares; na esfera da população, o biopoder atuando por intermédio de mecanismos regulamentadores. Tais esferas situam-se em polos opostos mas não antagônicos: num polo, a unidade; no outro, o conjunto.

É a partir daí que – como que anunciando aquela que viria a ser a sua temática principal nos seus últimos anos de vida – Foucault encerra o curso ministrado no *Collège de France*, em 1976, perguntando: "Por que a sexualidade se tornou, no século XIX, um campo cuja importância estratégica foi capital?". A resposta é clara:

> foi por uma porção de razões, mas em especial houve estas: de um lado, a sexualidade enquanto comporta-

---

[58] FOUCAULT, 1999a, p. 292.

mento exatamente corporal, depende de um controle disciplinar, individualizante, em forma de vigilância permanente [...]; e depois, por outro lado, a sexualidade se insere e adquire efeito, por seus efeitos procriadores, em processos biológicos amplos que concernem não mais ao corpo do indivíduo mas a esse elemento, a essa unidade múltipla constituída pela população. A sexualidade está exatamente na encruzilhada do corpo e da população. Portanto, ela depende da disciplina, mas depende também da regulamentação.[59]

E se é a sexualidade que articula o corpo com a população, é a *norma* que articula os mecanismos disciplinares (que atuam sobre o corpo) com os mecanismos regulamentadores (que atuam sobre a população). A norma se aplica tanto ao corpo a ser disciplinado quanto à população que se quer regulamentar; ela efetua a relação entre ambos, a partir deles mesmos, sem qualquer exterioridade, sem apelar para algo que seja externo ao corpo e à população em que está esse corpo.

No curso que ministrou no *Collège de France*, no primeiro trimestre de 1975, Foucault traçou uma genealogia minuciosa dos anormais, mostrando a construção discursiva e a emergência desse conceito, no século XVIII, com base numa tríplice ascendência que ele localizou no monstro humano, no incorrigível e no onanista.[60] Foi no interior desse processo que se instituiu um conjunto de saberes e um correlato poder de normalização, cujos desdobramentos incluem a psiquiatrização e a psicologização da infância, a formação da família nuclear, a invenção da delinquência, da expertise, do exame e do inquérito.

A norma é o elemento que, ao mesmo tempo em que individualiza, remete ao conjunto dos indivíduos; por isso, ela permite a comparação entre os indivíduos. Nesse processo de individualizar e, ao mesmo tempo, remeter ao conjunto, dão-se as comparações horizontais – entre os elementos indi-

---

[59] FOUCAULT, 1999a, p. 300.

[60] FOUCAULT, 2001.

viduais – e verticais – entre cada elemento e o conjunto. E, ao se fazer isso, chama-se de anormal aqueles cuja diferença em relação à maioria se convencionou ser excessivo, insuportável. Tal diferença passa a ser considerada um desvio, isso é, algo indesejável porque des-via, tira do rumo, leva à perdição.

A norma é saturante, ou seja, ela não admite exterior, fazendo de todos um caso seu: normal ou anormal. O anormal, portanto, está na norma, está ao abrigo da norma, ainda que seja tomado como um oposto ao normal. Como lembra François Ewald, citando Saint Hilaire, a rigor, a exceção não confirma a regra, mas sim a exceção é um caso da regra; assim, a exceção está na regra.[61] Conclui-se daí que não existe "saúde nem doença em si, mas apenas em relação a uma capacidade normativa. O que não quer dizer que não haja objetividade na doença, mas que ela só tem sentido em relação a uma capacidade de valorização que não pertence senão ao próprio sujeito".[62] Para Georges Canguilhem, de quem Foucault mais aproveitou tais entendimentos acerca da norma, dado que "não há um fato normal ou patológico em si",[63] deduz-se que o normal e o anormal não mantêm, entre si, uma "relação de contradição e de exterioridade, mas uma relação de inversão e de polaridade".[64] Para todos, o guarda-chuva normativo é o mesmo. Com isso se compreende melhor, entre outras coisas, o desenvolvimento da área psi aplicada à Educação.[65]

Em termos da prática e da pesquisa educacionais, essas contribuições no domínio do *ser-poder* têm sido particularmente importantes. Em *Vigiar e punir*, por exemplo, são inúmeras as passagens em que ele mostra a identidade entre a prisão, o manicômio, a fábrica, o quartel e a escola, todas

---

[61] EWALD, 1993.

[62] EWALD, 1993, p. 115.

[63] CANGUILHEM, 1966, p. 91.

[64] CANGUILHEM, 1966, p. 177.

[65] Para uma discussão dessa questão, cf. SILVA (1998) e, especialmente, ROSE (1989, 1997).

elas instituições de sequestro, isso é, instituições capazes de capturar nossos corpos por tempos variáveis e submetê-los a variadas tecnologias de poder.

As obras que comentei sucintamente ao final do capítulo anterior – de Júlia Varela e Fernando Alvarez-Uria, de Mariano Narodowski e de Maria Isabel Bujes – também tratam, em boa parte, deste segundo domínio e suas relações com as práticas educacionais. É claro que existem muitos outros estudos interessantes e importantes, alguns deles já considerados clássicos nesse campo.[66] Além desses, há os textos que constam na coletânea organizada por Tomaz da Silva – *O sujeito da Educação: estudos foucaultianos,*[67] bem como, em termos mais gerais, a obra de Márcio Fonseca – *Michel Foucault e a constituição do sujeito*[68] – e o excelente texto de Antônio Cavalcanti Maia sobre o inquérito e o exame.[69]

Concluindo este capítulo, relaciono algumas publicações relativas a pesquisas recentes, em boa parte desenvolvidas em cursos de mestrado e doutorado. Essas referências bibliográficas, mesmo com inevitáveis lacunas e esquecimentos injustos, poderão servir como bons exemplos e sugestões práticas para quem tiver interesse em se aprofundar no assunto ou empreender suas próprias investigações. Algumas dessas referências podem-se encaixar em mais de uma das categorias relacionadas. Além disso, em alguns casos é evidente um maior compromisso do pesquisador ou pesquisadora com a história e com a análise genealógica; em

---

[66] Esse é o caso, por exemplo, das discussões sobre formação docente, currículo e governamentalidade desenvolvidas por POPKEWITZ (1991, 1994); das análises genealógicas sobre a avaliação e a disciplinaridade, de HOSKIN (1979, 1990, 1993); dos estudos de JONES & WILLIAMSON (1979) sobre o nascimento da sala de aula; das críticas de GORE (1993, 1994, 1998) às práticas das pedagogias críticas; das críticas de HUNTER (1988, 1990) aos pressupostos da Educação Humanista e Liberal. Um resumo de parte desse material pode ser encontrado em VEIGA-NETO (1994).

[67] SILVA, 1994.

[68] FONSECA, 1995.

[69] MAIA, 1998.

outros casos, não, isso é, a genealogia foi tomada apenas como um pano de fundo para a investigação e a interpretação dos resultados.

Alguns estudos se detêm no exame genealógico ao nível microscópico, examinando os rituais da sala de aula, os documentos e registros escolares, as práticas de avaliação etc.[70] Outros estudos são feitos num âmbito mais amplo, analisando os processos pelos quais as práticas escolares e os discursos pedagógicos ou sobre a Educação estão envolvidos com o fortalecimento tanto do caráter disciplinar das sociedades modernas quanto da biopolítica e do governamento nessas sociedades.[71] Outros, talvez em menor número, são mais exploratórios e prospectivos e analisam as transformações que estão se dando em todos esses processos, em articulação com a (assim chamada) crise da Modernidade, em que a ênfase parece estar se deslocando da disciplinaridade para o controle.[72] No que concerne à norma e às questões do governamento, as discussões teóricas têm contribuído sobremaneira para que se compreenda o papel regulador da educação escolar.[73] É a partir de tais estudos que se compreende todo o alcance da conhecida frase de Foucault: "As 'Luzes' que descobriram as liberdades inventaram também as disciplinas".[74]

Além de tudo isso, estão surgindo várias e promissoras pesquisas que, em articulação com o campo dos Estudos Culturais, examinam (também genealogicamente) representações, práticas e artefatos envolvidos com as Pedagogias

---

[70] VARELA & ALVAREZ-URIA (1992); ROCHA (2000); ROPELATO (2003); SOUZA (2002); XAVIER (2003); RATTO (2002).

[71] Sobre seriação escolar, cf. DAHLKE (2001). Sobre formação de professores, cf. SANTOS (2001). Sobre Educação Ambiental, cf. MALDONADO (2002). Sobre Informática e Educação, cf. SOMMER (2003). Sobre a criança moderna e a infância, cf. CORAZZA (2000). Sobre as relações entre a família e a escola, cf. SANTOS (2003). Cf., ainda: DAZZI (2002), HÜNING (2003), BUJES (2000) e KLAUS (2003).

[72] ROCHA (2002); VEIGA-NETO (2000a, 2001, 2002, 2002a); COUTINHO (2002, 2003); BENITES (2003).

[73] ROSE (1989); SILVA (1998); VEIGA-NETO (1996, 2000a, 2001a).

[74] FOUCAULT, 1989, p. 195

Culturais, em suas implicações disciplinares, biopolíticas e de governamento.[75] Tais pesquisas parecem trazer um novo vigor àquilo que Foucault nos deixou; e isso é muitas vezes feito de modo bastante livre. Nesses casos, ao se valerem dele e, de certa maneira, ultrapassá-lo, elas fazem aquilo que o próprio Foucault queria que fizessem com sua obra, colocando em prática o que eu costumo chamar de "fidelidade infiel" ao pensamento do filósofo.

---

[75] FABRIS (1999, 2000); SANTOS (2002); COSTA (2000, 2000A, 2000B, 2002); COSTA & SILVEIRA (1998); SCHMIDT (1999); SCHWANTES (2002); STRAUB (2001); LOPES (2002); ROCHA (2000A); THOMA (2002); BERGMANN (2003); DAL-FARRA (2003); AMARAL (2003); KINDEL (2003). Para uma discussão detalhada sobre algumas articulações possíveis entre Michel Foucault, Estudos Culturais e Educação, cf. VEIGA-NETO (2000b) e BRATICH (2003).

CAPÍTULO V

O TERCEIRO DOMÍNIO: O *SER-CONSIGO*

> *O que é próprio das sociedades*
> *modernas não é o terem*
> *condenado o sexo a permanecer na*
> *obscuridade, mas sim o terem-se*
> *devotado a falar dele sempre,*
> *valorizando-o como o segredo.[1]*

Foucault estabelece o terceiro eixo de sua ontologia a partir dos últimos anos da década de 1970, em entrevistas e várias conferências. Essa produção culmina com a publicação do segundo e do terceiro volumes da *História da sexualidade.*[2] O quarto volume dessa obra foi deixado inacabado. O projeto inicial previa a publicação de seis volumes, nos quais o filósofo pretendia traçar a genealogia da ética ocidental, investigando como se dá a relação de cada um consigo próprio – e, no caso, com o próprio sexo ou, talvez melhor, por intermédio do próprio sexo – e, a partir daí, como se constitui e emerge sua subjetividade.

A intenção inicial de Foucault era centrar seus estudos em torno da sexualidade do século XIX, já que queria descobrir por que motivo não só se passou cada vez mais, ao longo dos Oitocentos, a usar a palavra *sexualidade*, mas também por que, então, cresceu tanto a problematização em torno do sexo, numa estreita conjunção entre saberes médicos,

---

[1] FOUCAULT, 1993, p. 36.

[2] Respectivamente: FOUCAULT (1994) e FOUCAULT (1985).

judiciais, sociológicos, biológicos etc. Mas logo o interesse de Foucault ampliou-se e deslocou-se para o estudo daquilo que ele mesmo denominou "o ponto de partida ou substrato histórico"[3] dessa questão moderna, a saber, a sexualidade na Antiguidade greco-romana.

Mais uma vez aqui, para compreender o projeto de Foucault, é útil estabelecer um contraste. Para ele, não interessa estudar os comportamentos, as condutas e as práticas sexuais em si, nem como eles foram e são representados pela Sociologia, Teologia, Filosofia, Biologia etc. Aqui, a sexualidade interessa não tanto em si mesma, como seria o caso para um sexologista; ela interessa por ser um modo, um caminho, muito importante de experimentar a subjetivação, pelo qual nos subjetivamos como seres de desejo. A sexualidade interessa na medida em que ela funciona como um grande sistema de interdições, no qual somos levados a falar sobre nós mesmos, em termos de nossos desejos, sucessos e insucessos, e no qual se dão fortes proibições de fazer isso ou aquilo. Diferentemente de outras interdições, "as proibições sexuais estão continuamente relacionadas com a obrigação de dizer a verdade sobre si mesmo".[4]

Analisando textos prescritivos produzidos na Antiguidade, segundo uma combinação entre a arqueologia e a genealogia de uma maneira tal que as modifica e acaba por "alterar as implicações metodológicas de ambas",[5] Foucault tenta responder à pergunta: "através de quais jogos de verdade o ser humano se reconheceu como homem de desejo?".[6] A pergunta acima se desdobra em outras do tipo: "por que, numa sociedade como a nossa, o comportamento sexual se constitui numa questão moral?" ou "por que o sexo é problematizado dessa forma, isso é, como parte do campo moral?".

Essas são perguntas típicas do historicismo radical de Foucault, sempre perguntando *por que, quando* e *como* essa

---

[3] FOUCAULT, In: RABINOW, 1984, p. 339.

[4] FOUCAULT, 1991a, p. 45.

[5] DAVIDSON, 1992, p. 230.

[6] FOUCAULT, 1994, p. 12.

ou aquela prática, esse ou aquele pensamento se constituíram como problemas. Para usar um contraste feito pelo próprio autor, trata-se de perguntas típicas de uma história cuja tarefa é diferente das tarefas das histórias dos comportamentos ou das representações; de uma história cujo maior objetivo é "definir as condições nas quais o ser humano problematiza o que ele é, e o mundo no qual ele vive".[7]

É justamente por isso que um tal historicismo não pode assumir de maneira não problemática, como ponto de partida e como material principal de análise, nem os códigos nem as prescrições comportamentais; eles têm de ser vistos de fora, já que é exatamente sobre a origem e o funcionamento de tais códigos e prescrições que se quer perguntar. Eles – códigos e prescrições – não podem nos fornecer respostas exatamente porque eles *são parte* do problema. Esse historicismo radical também não pode se assentar em alguma categoria e num processo invariantes, que funcionariam como princípios gerais *a priori* – como, por exemplo, a racionalidade humana, a evolução (cultural, biológica, econômica etc.), um instinto biológico, um finalismo funcionalista e assim por diante.

A ética, numa perspectiva foucaultiana, faz parte da moral, ao lado do *comportamento* de cada um e dos *códigos* que preceituam o que é correto fazer e pensar e que atribuem valores (positivos e negativos) a diferentes comportamentos, em termos morais. Esse conceito idiossincrático desloca a noção clássica de ética como "estudo dos juízos morais referentes à conduta humana" (quer em termos sociais, quer em termos absolutos) *para* ética como o modo "como o indivíduo se constitui a si mesmo como um sujeito moral de suas próprias ações",[8] ou, em outras palavras, a ética como "a relação de si para consigo".

Ao falar em jogos de verdade, Foucault nos remete –agora no plano ético – às relações entre o falso e o verdadeiro, relações essas que são construídas e que balizam o entendi-

---

[7] *Idem.*

[8] FOUCAULT. In: RABINOW, 1984, p. 228

mento que cada um tem do mundo e de si mesmo. As balizas indicam aquilo que pode e que deve ser pensado, ou seja, um regime de verdade em que se dão esses jogos. Mais uma vez em Foucault, então, o que se coloca não é fazer uma história sobre uma prática em si, mas estudar as práticas (discursivas ou não) para, olhando-as de fora, descobrir os regimes que as constituem e são por elas constituídos.

A ética – a saber, essa relação de si para consigo mesmo, ou seja, como cada um se vê a si mesmo – só pode ser colocada em movimento como um dos "elementos" de uma ontologia que, por sua vez, já pressupõe os outros dois eixos – do "ser-saber" e o do "ser-poder" – operando simultaneamente. Colocado no espaço projetado pelos três eixos, o sujeito é um produto, ao mesmo tempo, dos saberes, dos poderes e da ética. Mas como essa produção do sujeito não é mecânica, causal, não se pode pensar nos elementos que constituem os três eixos operando independentemente entre si. Ao contrário, não só sempre atuam ao mesmo tempo como, ainda e principalmente, os constituintes de cada eixo se deslocam para os eixos vizinhos por meio do sujeito em constituição, o qual flutua no espaço definido pelo feixe de coordenadas que o projetam sobre os eixos.

No processo pelo qual nos transformamos de indivíduo em sujeito moral moderno – ou seja, no processo pelo qual cada um aprende e passa a ver a si próprio–, sempre estão atuando também as práticas divisórias que, por sua vez, são elementos constituintes de outro eixo: o do "ser-poder". E, combinadas com essas, estão também determinadas disposições de saberes, que se engendraram para instituir o sujeito como um objeto de que se ocupam as ciências modernas. Vê-se, assim, que é nesse terceiro domínio que Foucault amarra coerentemente a subjetivação que deu, como resultado, isso a que denominamos sujeito moderno. Trata-se de um conjunto de tecnologias que podem ser agrupadas em quatro tipos, cada uma delas representando

> uma matriz da razão prática: 1) tecnologias de produção, que nos permitem produzir, transformar ou manipular coisas; 2) tecnologias de sistemas de signos, que nos per-

FOUCAULT & A EDUCAÇÃO

mitem utilizar signos, sentidos, símbolos ou significados; 3) tecnologias de poder, que determinam a conduta dos indivíduos, submetem-nos a certos tipos de fins ou de dominação, e consistem numa objetivação do sujeito; 4) tecnologias do eu, que permitem que os indivíduos efetuem, por conta própria ou com a ajuda de outros, certo número de operações sobre seu corpo e sua alma, pensamentos, conduta ou qualquer forma de ser, obtendo, assim, uma transformação de si mesmos, com o fim de alcançar certo estado de felicidade, pureza, sabedoria ou imortalidade.[9]

As tecnologias do eu são o chão privilegiado desse terceiro domínio foucaultiano. É justamente no conhecido texto publicado nos Estados Unidos, em 1983 – *Tecnologias do eu*[10] –, que o filósofo resumiu o que vinha estudando nos últimos anos e que logo se transformaria no segundo e terceiro volumes da *História da sexualidade*: o sexo como o articulador entre a proibição de fazer e a obrigação de dizer.

A partir da máxima délfica "conhece-te a ti mesmo" (*gnothi seautou*) e do ascético "cuida de ti mesmo" (*epimeleia heautou*) greco-romano,[11] Foucault descreve e problematiza, entre várias outras coisas, as técnicas antigas que se estabelecem não apenas entre o discípulo e o mestre, como também aquelas em que cada um se relaciona consigo mesmo. Entre estas últimas, são muito importantes para a prática e a pesquisa educacionais as *cartas aos amigos*, os *exames de consciência* – para o que são importantes a análise diária das próprias ações e o retiro espiritual–, e a ascese (como domínio de si mesmo) – alcançável pela meditação (como exercício para o pensamento), pela ginástica (como exercício para o corpo) e pela combinação de ambas.[12]

---

[9] FOUCAULT, 1991a, p. 48.

[10] FOUCAULT (1991a). Este texto refere-se aos seis seminários que Foucault proferiu na Vermont University, em 1982.

[11] A *epimeleia* pode ser entendida como um exercício de liberdade, pois somente aquele que cuida de si não se deixará escravizar pelos próprios desejos. Para mais detalhes, inclusive na dimensão de uma autopedagogia, cf. FOUCAULT (1996a); ORTEGA (1999).

[12] Foucault registra também a *interpretação dos sonhos*.

Ao tratar do cristianismo primitivo, Foucault registra o seu duplo caráter: salvacionista e confessionalista. O que articula salvação e confissão é o princípio cristão segundo o qual, para a purificação da alma, é preciso que cada um tenha conhecimento sobre si mesmo. Para chegar a tal conhecimento, duas técnicas foram trazidas da tradição grega antiga e colocadas em funcionamento na Idade Média: a *exomologesis* e a *exagouresis*. A *exomologesis* é um ritual não verbal de martírio, de cunho teatral, em que o penitente "alcança a verdade sobre si mesmo por meio de uma ruptura e uma dissociação violenta".[13] A *exagouresis* consiste na "análise e contínua verbalização dos pensamentos realizada numa relação da mais completa obediência [que alguém faz] a outrem [...] configurada pela renúncia ao seu próprio desejo e ao seu próprio eu".[14] É fácil ver que essa técnica de verbalização foi retomada e ressignificada modernamente pelas Ciências Humanas, principalmente nas chamadas vertentes *psi*. Mas, também no campo da Pedagogia, não é difícil encontrarmos práticas que são herdeiras diretas da exagouresis.

Em termos pedagógicos, o terceiro domínio é de grande interesse. Mas aqui se coloca uma dificuldade: diferentemente do que ocorreu com o domínio do *ser-poder*, Foucault não chegou a desenvolver, no domínio do *ser-consigo*, considerações específicas sobre a escola e as tecnologias do eu que ela põe em movimento. Penso que essa falta é muitas vezes compensada por produções de outros autores que estão levando adiante as discussões em torno desse terceiro domínio, direta ou indiretamente relacionadas à Educação.[15]

No que tange especialmente às práticas pedagógicas, temos, por exemplo, no excelente texto de Jorge Larrosa –"Tecnologias do eu e Educação"[16] – uma exploração deta-

---

[13] FOUCAULT, 1991a, p. 86.

[14] FOUCAULT, 1991a, p. 93.

[15] Entre outros, cf. ORTEGA (1999), BIRMAN (2000) e as coletâneas organizadas por ABRAHAM (2003), por MOSS (1998), por BERNAUER & RASMUSSEN (1991), por PORTOCARRERO & CASTELO BRANCO (2000), por RAGO, ORLANDI & VEIGA-NETO (2002).

[16] LARROSA, 1994.

FOUCAULT & A EDUCAÇÃO

lhada de um conjunto de estratégias de descrição e de interrogação que estão constantemente funcionando na escola moderna. A partir de exemplos concretos, Larrosa descreve e analisa vários dispositivos pedagógicos – como o ver-se, o expressar-se, o narrar-se, o julgar-se e o dominar-se –, bem como discute a transmissão e a aquisição da experiência de si em três estudos de caso. Textos como esse mostram que a Pedagogia não deve ser entendida como um conjunto de saberes que, sistematizando determinadas práticas (pedagógicas), funcionariam como

> um espaço neutro ou não problemático de desenvolvimento ou de mediação, como um mero espaço de possibilidades para o desenvolvimento ou a melhoria do autoconhecimento, da auto-estima, da autonomia, da autoconfiança, do autocontrole, da auto-regulação etc., mas como produzindo formas de experiência de si, nas quais os indvíduos podem se tornar sujeitos de um modo particular.[17]

Numa entrevista que Larrosa me concedeu em 1995, intitulada *Literatura, experiência* e *formação*, ele se movimenta no terceiro domínio foucaultiano e discute detidamente o papel formativo da leitura.[18] Ao propor distinções radicais entre as diferentes maneiras de ler, bem como as diferentes funções da leitura, Larrosa mostra a possibilidade de fazermos da prática da leitura, na escola ou fora dela, um rico processo de subjetivação, em prol da liberdade e da capacidade de autogovernamento, de nós mesmos e de nossos alunos.

O estudo desenvolvido por Maria Isabel Bujes – sobre o *Referencial Curricular Nacional para a Educação Infantil*, e já comentado nos capítulos anteriores – aponta também toda uma série de tecnologias do eu que são prescritas para serem aplicadas com crianças dos zero aos seis anos de idade.[19] Entre muitas outras coisas, a autora demonstrou que, sob

---

[17] LARROSA, 1994, p. 57.

[18] LARROSA, 2002.

[19] BUJES, 2002, 2003.

a alegação de ser necessário desenvolver o espírito crítico em tais crianças (mas também nas professoras que com elas trabalham), os documentos oficiais ocupam-se em propor poderosos exercícios de autonarrativa e autojulgamento, cujo resultado será a fabricação de determinadas subjetividades moldadas às demandas de uma sociedade neoliberal.

Além desses, cumpre registrar algumas outras produções recentes entre nós. André Lima, por exemplo, realiza uma interessante investigação em que articula o pensamento de Gilles Deleuze e o *ser-consigo* de Foucault, a fim de discutir a disciplinaridade e a integração curricular.[20] A partir de uma prática inquisitorial e confessional escolar concreta, Ana Lúcia Ratto explora algumas possibilidades das tecnologias do eu que são impostas a crianças e jovens cujo comportamento é considerado problemático[21] No âmbito das práticas pedagógicas, Jorge Nóblega aproveita sua rica experiência em Educação de Adultos e examina textos produzidos por seus próprios alunos em processo de alfabetização.[22] Fundamentado nesse *corpus*, Nóblega identifica diferentes tecnologias do eu que ele mesmo colocara em movimento nas suas aulas. Uma vez identificadas e descritas tais tecnologias, o pesquisador aponta a produtividade, em termos de subjetivação, de atividades que são consideradas triviais no cotidiano da sala de aula.

---

[20] LIMA, 2002.

[21] RATTO, 2002a.

[22] NÓBLEGA, 2001.

TERCEIRA PARTE

Temas foucaultianos

| CAPÍTULO VI

LINGUAGEM, DISCURSO, ENUNCIADO, ARQUIVO, EPISTEME...

*As palavras só têm significado na
corrente do pensamento e da vida.*[1]

Para compreender melhor como Foucault trata o discurso e as práticas (discursivas) que colocam o discurso em movimento, é útil entender o caráter atributivo que ele confere à linguagem. Em vez de ver a linguagem como um instrumento que liga o nosso pensamento à coisa pensada, ou seja, como um instrumento de correspondência e como formalização da arte de pensar, Foucault assume a linguagem como constitutiva do nosso pensamento e, em consequência, do sentido que damos às coisas, à nossa experiência, ao mundo. Friedrich Nietzsche, desde um texto da juventude – *Sobre verdade e mentira no sentido extramoral*, de 1873 –, já havia argumentado nesse sentido, desconstruindo a linguagem para desconstruir a moral.[2] Dado que a moral tradicionalmente se baseia em verdades manifestas pela linguagem, Nietzsche mostra o caráter arbitrário e não natural da linguagem e, assim, o caráter arbitrário e não natural também da moral. Essa lógica é seguida por Foucault, de modo que, para ele, "o discurso não é simplesmente aquilo que traduz as lutas

---

[1] WITTGENSTEIN *apud* SPANIOL, 1989, p. 141.

[2] "As verdades são ilusões, das quais se esqueceu que o são; metáforas que se tornaram gastas e sem força sensível; moedas que perderam sua efígie e agora só entram em consideração como metal, não mais como moedas" (NIETZSCHE, 1996, p. 57).

ou os sistemas de dominação, mas aquilo por que, pelo que se luta, o poder do qual nos queremos apoderar".[3]

Quase um século depois e por caminhos bem diferentes dos trilhados por Nietzsche, Ludwig Wittgenstein chegou praticamente às mesmas conclusões daquele, no campo da linguagem; na verdade, Wittgenstein foi bem adiante, principalmente na segunda fase de sua obra. Costuma-se dividir a sua filosofia em duas fases distintas. O Primeiro Wittgenstein – do *Tratado Lógico-Filosófico* – filia-se à tradição filosófica e entende que a principal função da linguagem é denotacionista, isso é, ela representaria o mundo e tudo o que há nele (objetos, fenômenos, ideias etc.). O Segundo Wittgenstein – das *Investigações Filosóficas* – entende que a linguagem é atributiva, isso é, que não há qualquer correspondência estrita (necessária, em termos filosóficos) entre as palavras (linguagem) e as coisas (mundo), mas que é pela linguagem que damos sentido às coisas (mundo).

Mesmo sem ter jamais feito alguma referência explícita a Ludwig Wittgenstein – pelo menos, segundo os registros até agora disponíveis aos especialistas –, Foucault partilha muito de perto da grande maioria das descobertas que o filósofo austríaco havia feito no campo da linguagem. Questões como "não perguntar 'o que é isso?'" mas, sim, "perguntar como isso funciona?", ou "aquilo que está oculto não nos interessa" – que equivale a dar as costas à Metafísica –, ou "a verdade é aquilo que dizemos ser verdadeiro" – que equivale a dizer que as verdades não são descobertas pela razão, mas sim inventadas por ela –, são comuns aos dois filósofos.

Essas questões funcionam como um substrato comum que faz com que ambos não pretendam nem mesmo possam construir um sistema filosófico abrangente, mas, como já referi, teorizações sempre parciais, aos bocados, contingentes. Ao fazerem isso, eles dão as costas para a busca de uma suposta razão pura e voltam-se para a análise das relações da linguagem consigo mesma e das relações entre a linguagem e o

---

[3] FOUCAULT, 1996, p. 10.

mundo. Cada um a seu modo, movimentando-se em campos filosóficos distintos e com propósitos inteiramente diferentes, Foucault e Wittgenstein não se interessam pela analítica formal, mas sim por uma analítica pragmática. Explicando a virada operada pelo Segundo Wittgenstein,[4] Selman diz que "as categorias são contingentes e são geradas em práticas sociais historicamente determinadas; não são determinadas nem pela estrutura da mente nem por uma realidade incondicionada".[5] Em outras palavras, aquilo que se diz está, sempre e inexoravelmente, condicionado pelo ato de dizer, de modo que, como explica um comentarista de Foucault, "a linguagem está enraizada não na coisa percebida, mas no sujeito ativo. É mais o produto do desejo e energia do que da percepção e memória".[6] Ou, nas palavras do próprio Foucault: "Se a linguagem exprime, não o faz na medida em que imite e reduplique as coisas, mas na medida em que manifesta e traduz o querer fundamental daqueles que falam".[7]

Dado que cada um de nós nasce num mundo que já é de linguagem, num mundo em que os discursos já estão há muito tempo circulando, nós nos tornamos sujeitos derivados desses discursos. Para Foucault, o sujeito de um discurso não é a origem individual e autônoma de um ato que traz à luz os enunciados desse discurso; ele não é o dono de uma intenção comunicativa, como se fosse capaz de se posicionar de fora desse discurso para sobre ele falar. No caso, por exemplo, do discurso pedagógico,

> não existe sujeito pedagógico fora do discurso pedagógico, nem fora dos processos que definem suas posições nos significados. A existência de um sujeito pedagógico não está ligada a vontades ou individualidades autônomas e livremente fundadoras de suas práticas. O sujeito pedagógico está constituído, é formado e regulado no

---

[4] Adotou-se a expressão *virada linguística* para designar a mudança no entendimento do papel principal da linguagem: de denotacionista para atributiva.

[5] SELMAN, 1988, p. 323.

[6] SHERIDAN, 1980, p. 75.

[7] FOUCAULT, 1992a, p. 306

discurso pedagógico, pela ordem, pelas posições e diferenças que esse discurso estabelece. O sujeito pedagógico é uma função do discurso no interior da escola e, contemporaneamente, no interior das agências de controle.[8]

Entender assim a linguagem implica entender de uma nova maneira o próprio conhecimento – agora não mais visto como natural e intrinsecamente lógico, axiomatizável, autofundado, suficiente, objetivo. O conhecimento passa a ser entendido como produto de discursos cuja logicidade é construída, cuja axiomatização é sempre problemática porque arbitrária, cuja fundamentação tem de ser buscada fora de si, no advento; discursos que são contingentes e também subjetivos.

É justamente porque são contingentes que os discursos nunca podem se colocar por fora do acontecimento e, por isso, dos poderes que o acontecimento coloca em circulação. Cavocando por debaixo da aparente importância e centralidade da palavra, o filósofo vai perguntar pelo desejo, vontade e interesses dos sujeitos cognoscentes e, enxergando nessas camadas mais profundas, que não se revelam diretamente à luz dos formalismos lógicos, nos diz que se a linguagem

> acaba por mostrar as coisas como que apontando-as com o dedo, é na medida em que elas são o resultado, ou o objeto, ou o instrumento dessa ação; os nomes [as palavras] não recortam tanto o quadro complexo de uma representação; recortam, detêm e imobilizam o processo de uma ação.[9]

Atenuando o valor representativo da palavra, Foucault nos diz então que

a palavra só está vinculada a uma representação na medida em que primeiramente faz parte da organização gramatical pela qual a língua define e assegura sua coerência própria. Para que a palavra possa dizer o que ela diz, é preciso que

---

[8] DÍAZ, 1994, p. 15

[9] FOUCAULT, 1992a, p. 305.

pertença a uma totalidade gramatical que, em relação a ela, é primeira, fundamental e determinante.[10]

Por isso, a rigor, nenhuma palavra contida num discurso será "a externalização de representações íntimas, nem mesmo uma representação".[11] Num contexto um pouco diferente, Jean-François Lyotard constrói uma frase lapidar: "Os nomes não se apreendem sozinhos, apreendem-se alojados em pequenas histórias".[12]

Os discursos não são, portanto, resultado da combinação de palavras que representariam as coisas do mundo. Em *A arqueologia do saber*, Foucault explica que os discursos não são um conjunto de elementos significantes (signos) que remeteriam a conteúdos (coisas, fenômenos etc.) que estariam no mundo, exteriores aos próprios discursos. Ao contrário, "os discursos formam sistematicamente os objetos de que falam. Certamente os discursos são feitos de signos; mas o que eles fazem é mais que utilizar esses signos para designar coisas. É esse mais que os torna irredutíveis à língua e ao ato de fala".[13]

Nunca é demais lembrar que uma prática discursiva não é um ato de fala, não é uma ação concreta e individual de pronunciar discursos, mas é todo o conjunto de enunciados que "formam o substrato inteligível para as ações, graças ao seu duplo caráter de judicativo e 'veridicativo'".[14] Isso equivale a dizer que as práticas discursivas moldam nossas maneiras de constituir o mundo, de compreendê-lo e de falar sobre ele. E, ainda que uma prática discursiva dependa da nossa vontade, essa não é suficiente para gerá-la e fazê-la funcionar.

É claro que qualquer prática discursiva está conectada com outras e mais outras. No nosso caso, por exemplo, não é difícil compreender a Pedagogia como uma prática

---

[10] FOUCAULT, 1992a, p. 296.

[11] RORTY, 1988, p. 287.

[12] LYOTARD, 1993, p. 45.

[13] FOUCAULT, 1987, p. 56.

[14] FLYNN, 1994, p. 30.

discursiva que se constitui e se alimenta de outras práticas que se "localizam" em outros campos discursivos.[15] Foucault é bastante claro e específico a esse respeito: "As relações da Pedagogia são múltiplas. Ela está envolvida num sistema de práticas, de discursos...".[16]

Em *A arquologia do saber*, Foucault diz que o *enunciado* – um tema central para a análise do discurso que ele propõe[17] – não é nem uma proposição, nem um ato de fala, nem uma manifestação psicológica de alguma entidade que se situasse abaixo ou mais por dentro daquele que fala. O enunciado nem precisa mesmo se restringir a uma verbalização sujeita a regras gramaticais. Assim, um horário de trens, uma fotografia ou um mapa podem ser um enunciado, desde que funcionem como tal, ou seja, desde que sejam tomados como manifestações de um saber e que, por isso, sejam aceitos, repetidos e transmitidos.

Os enunciados são sempre mais raros, mais rarefeitos, do que os atos de fala cotidianos: os enunciados não são "como o ar que respiramos, uma transparência infinita; mas sim coisas que se transmitem e se conservam, que têm um valor, e das quais procuramos nos apropriar; que repetimos e reproduzimos e transformamos [...]".[18] Para Foucault, um enunciado não é qualquer coisa dita (ou mostrada...); ele não é cotidiano. O enunciado é um tipo muito especial de um ato discursivo: ele se separa dos contextos locais e dos significados triviais do dia a dia, para constituir um campo mais ou menos autônomo e raro de sentidos que devem, em seguida, ser aceitos e sancionados numa rede discursiva, segundo uma ordem – seja em função do seu conteúdo de verdade, seja em função daquele que praticou a enunciação, seja em função de uma instituição que o acolhe.

Como práticas instituidoras de objetos dos quais falam, os discursos podem nos revelar um *arquivo* que, na perspectiva

---

[15] NARODOWSKI, 2001.

[16] FOUCAULT, 1987, p. 46.

[17] FOUCAULT, 1987.

[18] FOUCAULT, 1987, p. 138-139.

FOUCAULT & A EDUCAÇÃO

foucaultiana, é todo um "conjunto de regras que, num dado período histórico e numa dada sociedade",[19] determina ou condiciona tanto aquilo que pode ser dito – em termos de seus "conteúdos", seus limites e suas formas de se manifestar –, quanto tudo o que vale lembrar, conservar e reativar. O arquivo pode ser entendido como um jogo de relações num discurso; um jogo que se dá nessas relações puramente discursivas e que, por isso mesmo, é "irredutível às coisas ditas ou aos homens que a disseram".[20] Mais tarde, Foucault irá dizer que o arquivo é o conjunto de discursos cujo pronunciamento, num determinado momento, está sancionado pelo conteúdo de verdade que se lhes atribui. Assim, "não se trata de qualquer discurso, senão aquele conjunto que condiciona o que conta como conhecimento num período particular".[21] Nesse sentido, Flynn subscreve o ligeiro deslocamento que Foucault fizera com o conceito de arquivo – de conjunto de regras para conjunto de discursos – e o aproxima ao de prática discursiva que, por sua vez, já estava bastante próximo ao conceito de *jogos de linguagem*, de Wittgenstein: um conjunto de discursos em movimento, segundo um corpo de regras que, sendo socialmente autorizadas, anônimas e anteriores a qualquer conceituação explícita sobre si mesmas, comandam, em nós, maneiras de perceber, julgar, pensar e agir. Mais importante, porém, do que discutir os aspectos técnicos desses deslocamentos e aproximações, é preciso sublinhar mais alguns pontos relativos ao entendimento que Foucault dá à linguagem e ao discurso.

Ao ligar o arquivo a um determinado momento histórico, Foucault aponta para o seu caráter temporal e não epistemológico –se tomarmos a epistemologia em seus sentidos tradicionais. Dessa maneira, o estudo de uma prática discursiva deve ser um exercício de descoberta e não de dedução, se entendermos como dedução o processo que pode nos levar a uma conclusão verdadeira, graças à correta aplicação de regras lógicas.

---

[19] FOUCAULT, 1991, p. 61.

[20] ORLANDI, 1987, p. 27.

[21] FLYNN, 1994, p. 29.

Foucault usa a palavra *episteme* para designar "o conjunto básico de regras que governam a produção de discursos numa determinada época";[22] em outras palavras, episteme designa um conjunto de condições, de princípios, de enunciados e regras que regem sua distribuição, que funcionam como condições de possibilidade para que algo seja pensado numa determinada época. Uma episteme funciona enformando as práticas (discursivas e não discursivas) e dando sentido a elas; ao mesmo tempo, a episteme funciona também em decorrência de tais práticas. Assim, pode-se dizer que os regimes de discursos são as manifestações apreensíveis, visíveis, da episteme de uma determinada época. Trata-se de um arranjo de possibilidades de discursos que acaba por delimitar um campo de saberes e por dizer quais são os enunciados proibidos ou sem sentido (porque estranhos à episteme) e quais são os enunciados permitidos; e, entre os últimos, quais são os enunciados verdadeiros e quais são os falsos.

Mas episteme não deve ser confundida com ideologia, uma vez que aquela não se mantém em decorrência nem de visões equivocadas, distorcidas, invertidas, nem de acordos mistificadores. Aliás, nessa perspectiva em que a realidade não se esconde, mas está na superfície, não pode mesmo haver lugar para a ideologia. Episteme também não deve ser confundida com Weltanschauung, conceito idealista que denota um sentido um tanto mais "contemplativo" (ou passivo) e menos "produtivo" do que o pensado por Foucault. Episteme também "não é sinônimo de saber, senão que é a expressão de uma ordem, ou melhor dizendo, de um ordenamento histórico dos saberes, princípio anterior ao ordenamento do discurso efetuado pela ciência e dele independente".[23]

Em termos foucaultianos, a análise do discurso é o estudo (de uma prática discursiva) que não se situa entre os dois polos opostos e demarcados, de um lado, pela Filosofia Analítica – o polo da *formalização*, em que sobre o

---

[22] SHERIDAN, 1981, p. 209.
[23] MACHADO, 1990, p. 25.

discurso é tentada uma redução por meio da lógica –, e, de outro lado, pela Hermenêutica – o polo da *interpretação*, em que a partir de uma frase buscam-se as outras às quais tal frase remeteria. Hubert Dreyfus e Paul Rabinow explicam que, nessa perspectiva, o analista não deve se ocupar com algum suposto conteúdo de verdade, nem com algum suposto significado profundo dos discursos sob análise.[24] Aliás, a ressonância disso com a célebre proposição 126 das *Investigações filosóficas*, de Wittgenstein, é notável: "Como tudo fica em aberto, não há nada a elucidar. Pois o que está oculto não nos interessa".[25]

Deleuze resume essa questão dizendo que num polo se buscam os sobreditos das frases, desde que essas são vistas como submetidas a uma estrutura abrangente (de sentidos, significados e correspondências). No outro polo, buscam-se os não-ditos das frases, como lacunas e silêncios a serem interpretados e preenchidos. Para Foucault, em ambos os polos esquece-se que a formalização e a interpretação já supõem, de antemão, aquilo que pensam descobrir. Por isso, é preciso ler o que é dito simplesmente como um *dictum*, em sua simples positividade, e não tentar ir atrás nem das constâncias e frequências linguísticas, nem das "qualidades pessoais dos que falam e escrevem".[26]

Em termos metodológicos, pode-se dizer que aquilo que Foucault propõe não é organizar previamente os discursos que se quer analisar, nem – como já referi – tentar identificar sua lógica interna e algum suposto conteúdo de verdade que carregam, nem mesmo buscar neles uma essência original, remota, fundadora, tentando encontrar, nos não ditos dos discursos sob análise, um já-dito ancestral e oculto. O que importa é, tão somente, lê-los e "tratá-los no jogo de sua instância".[27] Nesse caso, até mesmo os silêncios são apenas silêncios, para os quais não interessa procurar preenchimentos; eles devem ser lidos pelo que são e não como não-ditos

---

[24] DREYFUS & RABINOW, 1995.

[25] WITTGENSTEIN, 1979, p. 57.

[26] DELEUZE, 1991, p. 28.

[27] FOUCAULT, 1987, p. 28.

que esconderiam um sentido que não chegou à tona do discurso. Metodologicamente, isso é ao mesmo tempo mais fácil e mais difícil. Mais fácil, porque não envolve todo um conjunto de operações linguísticas e analíticas que as demais análises do discurso exigem. Mais difícil porque é preciso se "ater ao que efetivamente é dito, *apenas à inscrição do que é dito*",[28] sem imaginar o que poderia estar contido nas lacunas e silêncios. Como explica Janine Ribeiro, "a tarefa do crítico não é expor o não-dito, o ocultado – que não existe. É, como fazia Foucault, simplesmente alterar a ênfase".[29]

Tanto a leitura que só se atém ao que é efetivamente dito quanto a busca exaustiva de fragmentos enunciativos às vezes esquecidos, às vezes imperceptíveis, são procedimentos vistos, por alguns críticos, como uma marca positivista do pensamento foucaultiano. Mas, por outro lado, é preciso considerar a fluidez com que o filósofo trata daquilo que é tão importante para o positivismo – o método – e o niilismo que ele herdou de Nietzsche. A isso se soma o fato de Foucault jamais buscar fundamentação para todo o seu pensamento; ao contrário, ele parece se mover "numa contínua autopetição de princípio: diferentes circularidades atravessam, por isso, toda sua obra".[30] Tudo isso combinado resulta numa mistura surpreendente, desconcertante e inovadora.

Como explicou Deleuze, "é isso o essencial do método concreto. Somos forçados a partir de palavras, de frases e de proposições. Só que as organizamos num *corpus* determinado, variável conforme o problema colocado".[31] Essa organização que fazemos das palavras, frases e proposições se baseia na função que elas exercem em seu conjunto; elas estão retidas no corpus que temos para analisar e são escolhidas em função do problema que temos em mente. Desse modo, uma análise do discurso numa perspectiva foucaultiana não deve partir de uma suposta estrutura ou de um sujeito-au-

---

[28] DELEUZE, 1991, p. 26.

[29] RIBEIRO, 1996, p. 1.

[30] CASTRO, 1995, p. 23.

[31] DELEUZE, 1991, p. 28.

tor, que seriam anteriores aos próprios discursos e que se colocariam acima desses. Não se trata, também, de analisar os discursos como indicadores de sentidos profundos ou de determinadas individualidades intelectuais ou psicológicas, materializadas nesse ou naquele autor, inscritos, por sua vez, nessa ou naquela instituição. Trata-se de analisá-los tendo sempre em vista que é por "uma certa economia dos discursos de verdade [que] há possibilidade de exercício do poder".[32] Nesse sentido, aquele que enuncia um discurso é que traz, em si, uma instituição e manifesta, por si, uma ordem que lhe é anterior e na qual ele está imerso. Como disse o próprio filósofo, "os sujeitos que discursam fazem parte de um campo discursivo [...] o discurso não é um lugar no qual a subjetividade irrompe; é um espaço de posições-de-sujeito e de funções-de-sujeito diferenciadas".[33] O seu interesse não é relacionar o discurso a "um pensamento, mente ou sujeito que o produziu, mas ao campo prático no qual ele é desdobrado".[34] Não há, portanto, palavras aquém do discurso: "lá onde nada ainda foi dito e onde as coisas apenas despontam sob uma luminosidade cinzenta";[35] as palavras e seus sentidos se estabelecem sempre discursivamente. Enfim, para Foucault, mais do que subjetivo, o discurso subjetiva.

Mas nada disso é orquestrado a partir de centros de poder de que o Estado seria o maior agente, como argumenta a grande maioria das teorias políticas. Os discursos não estão ancorados ultimamente em nenhum lugar, mas se distribuem difusamente pelo tecido social, de modo a marcar o pensamento de cada época, em cada lugar, e, a partir daí, construir subjetividades.

Se as demais análises dos discursos implicavam uma leitura que procurava "escutar o que o autor havia assinado",[36] para Foucault, "ler é problematizar, porque se pode mudar

---

[32] FOUCAULT, 1992b, p. 179.

[33] FOUCAULT, 1991, p. 58.

[34] FOUCAULT, 1991, p. 61.

[35] FOUCAULT, 1987, p. 55.

[36] RIBEIRO, 1996, p. 1

COLEÇÃO "PENSADORES & EDUCAÇÃO"

a ênfase dada pelo autor a cada uma de suas páginas".[37]
Trata-se de um tipo diferente de leitura, em que a questão
não está em "fazer o autor dizer o que não disse, ou negar
o que afirmou, mas em conferir relevo ao que ele lançou 'en
passant'. Trata-se, em suma, de jogar com as entonações".[38]
Resumindo, a análise do discurso é concebida, em termos
foucaultianos, como a análise das relações entre aqueles
"outros fenômenos", a erupção do discurso e o *dictum*.

Temos um pequeno e bom exemplo de como Foucault
trabalha a questão do discurso quando ele mesmo, comentando o uso da palavra sexualidade, diz que esse uso

> assinala algo diferente de um remanejamento de vocabu-
> lário; mas não marca, evidentemente, a brusca emergência
> daquilo a que se refere. O uso da palavra foi estabelecido
> em relação a outros fenômenos: o desenvolvimento de
> campos de conhecimento diversos [...]; a instauração de
> um conjunto de regras e de normas, em parte tradicionais
> e em parte novas [...]; como também as mudanças no
> modo pelo qual os indivíduos são levados a dar sentido
> e valor à sua conduta, seus deveres.[39]

Na famosa conferência que proferiu na sua posse como
membro do Collège de France, em 1970 – *A ordem do discurso*
– Foucault centra a discussão em torno dos variados procedimentos que regulam, controlam, selecionam, organizam
e distribuem o que pode e o que não pode ser dito.[40] Tais
procedimentos é que vão estabelecer – dentre as coisas que
podem ser ditas – aquilo que é verdadeiro, separando-o do
que é falso, pois, em si mesmos, os discursos não são nem
falsos nem verdadeiros. Mas isso é assim não por falta de
precisão daquilo que se enuncia, ou porque a verdade muda
com o tempo, ou porque a verdade é regional.[41] sso é assim

---

[37] *Idem*

[38] *Ibidem.*

[39] FOUCAULT, 1994, p. 9.

[40] FOUCAULT, 1996.

[41] Com isso quero mostrar o contraste entre a perspectiva foucaultiana e
as máximas hegeliana "a verdade é filha do tempo" e bachelardiana "as

FOUCAULT & A EDUCAÇÃO

porque os discursos definem regimes de verdade que balizam e separam o verdadeiro de seu contrário. Desse modo, os discursos não descobrem verdades, senão as inventam. A questão é: os discursos – bem como os silêncios – se distribuem em níveis diferentes e constantemente cambiantes, cuja variação é função de múltiplos elementos, tais como "quem fala" e "quem escuta", sua posição na trama discursiva, suas relações dentro de uma instituição e as relações entre diferentes instituições, além da disposição dos próprios enunciados. São os enunciados dentro de cada discurso que marcam e sinalizam o que é tomado por verdade, num tempo e espaço determinado, isso é, que estabelecem um regime de verdade. Assim Deleuze resume essa questão: "A verdade é inseparável do processo que a estabelece".[42]

Nessa perspectiva, o que assume importância maior não é perguntar se esse ou aquele enunciado satisfaz a algum critério de verdade, mas é, sim, perguntar sobre como se estabelecem esses critérios, sobre o que fazemos com esses enunciados, sobre o que pode haver fora do horizonte da formação discursiva em que operam esses enunciados, lá naquela área de sombra a que o filósofo denominou *exterioridade selvagem*. Para Foucault, o que mais importa é perguntar sobre o que pode haver lá naquelas regiões de indecidibilidade – regiões nas quais "rondam monstros cuja forma muda com a história do saber".[43]

Dado que os discursos ativam o(s) poder(es) e o(s) colocam em circulação, não é raro que se interprete essa relação entre discurso e poder de modo mecânico, linear, causal. Numa perspectiva foucaultiana, isso é um equívoco, já que

---

verdades não são universais, porém regionais". É claro que tais máximas foram pensadas no contexto de uma epistemologia transcendental e de uma filosofia da consciência. Para Foucault, o que está em jogo não é o acesso à verdade; nesse caso, nunca é demais sublinhar que, para ele – assim como para Nietzsche e Wittgenstein, conforme já me referi –, a verdade não é uma questão de aproximação, de tempo ou de regionalidade.

[42] DELEUZE, 1991, p. 72.

[43] FOUCAULT, 1996, p. 33.

é preciso admitir um jogo complexo e instável em que o discurso pode ser, ao mesmo tempo, instrumento e efeito de poder, e também obstáculo, escora, ponto de resistência e ponto de partida de uma estratégia oposta. O discurso veicula e produz poder; reforça-o mas também o mina, expõe, debilita e permite barrá-lo. Da mesma forma, o silêncio e o segredo dão guarida ao poder, fixam suas interdições; mas também afrouxam seus laços e dão margens a tolerâncias mais ou menos obscuras.[44]

Mas nada disso deve ser entendido como uma cadeia unidirecional que tenha um ponto de origem e desdobramentos causais. Tematizando sobre a vontade de saber, Foucault vai interpretar as mudanças do saber como a "aparição de formas novas na vontade de verdade".[45] E mais:

essa vontade de verdade, como os outros sistemas de exclusão, apóia-se sobre um suporte institucional: é ao mesmo tempo reforçada e reconduzida por todo um compacto conjunto de práticas como a pedagogia, é claro, como o sistema dos livros, da edição, das bibliotecas, como as sociedades de sábios outrora, os laboratórios hoje. Mas ela é também reconduzida, mais profundamente sem dúvida, pelo modo como o saber é aplicado numa sociedade, como é valorizado, distribuído, repartido e, de certo modo, atribuído.[46]

Por efeito desse processo de naturalização,

só aparece aos nossos olhos uma verdade que seria riqueza, fecundidade, força doce e insidiosamente universal. E ignoramos, em contrapartida, a vontade de verdade, como prodigiosa maquinaria destinada a excluir.[47]

A *vontade de verdade* não deve ser entendida no sentido clássico de "amor à verdade", mas sim no sentido de busca de dominação que cada um empreende, marcando e sinalizando

---

[44] FOUCAULT, 1993, p. 96.

[45] FOUCAULT, 1996, p. 4.

[46] FOUCAULT, 1996, p. 17.

[47] FOUCAULT, 1996, p. 20.

FOUCAULT & A EDUCAÇÃO

os discursos por sistemas de exclusão. Tais sistemas definem o dizível e o indizível, o pensável e o impensável; e, dentro do dizível e pensável, distinguem o que é verdadeiro daquilo que não o é. Chamamos de disciplina a cada campo formado por um conjunto de enunciados que, ao mesmo tempo em que estatuem sobre um dado conteúdo, sinalizam os limites do próprio campo. É o conjunto dessas marcas e sinais que nos levam, automaticamente, a mapear o campo do pensável e do dizível – aí apontando e separando para nós o que é verdadeiro daquilo que não o é – e a deixar nas áreas de sombra o impensável e o indizível.

Com tais entendimentos, Foucault vai muito além daqueles que, no campo pedagógico, costumam simplificar e dividir o mundo dos discursos em dois blocos: de um lado, o bloco dos discursos admitidos e, de outro, o dos discursos excluídos; ou, num outro recorte, o bloco dos discursos dominantes e o dos discursos dominados; ou, num outro recorte ainda, o bloco dos discursos do poder e o dos discursos da resistência. Essas são oposições que, de fato, convidam a um tratamento dialético... E é sempre isso que acontece na maioria dos estudos que se fazem no Brasil, no campo da Educação. Mas, na perspectiva foucaultiana não há lugar para isso; não se trata de dialetizar o mundo... Em vez de entender que existem tais blocos antagônicos e se procurar contrapô-los, talvez seja mais interessante e produtivo, em termos tanto teóricos quanto políticos, perguntar pelos processos que estabelecem uma verdade, pois é aí que se dão a arbitrariedade e a violência da exclusão, e não propriamente dentro de um discurso, nas proposições em si.[48] Isso significa empreender um escrutínio e problematizar *em torno* dos regimes de verdade, e não propriamente *por dentro* deles.

Ao se falar em problematizar *em torno* dos regimes de verdade, está-se falando em analisar o *dictum* como um *monumento* e não como um *documento*. Isso significa que a leitura (ou escuta) do enunciado é feita pela exterioridade do texto, sem entrar propriamente na lógica interna que coman-

---

[48] FOUCAULT, 1996

da a ordem dos enunciados. O que mais importa é estabelecer as relações entre os enunciados e o que eles descrevem, para, a partir daí, compreender a que poder(es) atendem tais enunciados, qual/quais poder(es) os enunciados ativam e colocam em circulação. O que importa, para Foucault, é ler o texto no seu volume e externalidade (monumental) e não na sua linearidade e internalidade (documental): "trata-se de uma análise [que toma] os discursos na dimensão de sua exterioridade".[49]

Mas isso não significa, certamente, pensar que não temos de conhecer, pelo menos minimamente, a gramática do texto sob análise. Sejam textos verbais, sejam textos imagéticos, ou sejam quaisquer outros, é preciso estar alfabetizado na linguagem respectiva, é preciso decifrar seus símbolos, entrar na sua lógica, conhecer sua gramática, para apreender os significados que entre nós e eles circulam no momento em que lemos tais textos. Para Foucault, os significados não estão ocultos, de modo que lê-los não implica um exercício de desvelamento de algo que poderia estar escondido. Mas, por outro lado, como argumenta Douglas Kellner, é preciso "deslindar as relações entre imagens, textos, tendências sociais e produtos numa cultura".[50]

Em suma, na leitura monumental transita-se entre os dois polos extremos, cuidando para não cair em nenhum deles. De um lado, tem-se de evitar a redução da leitura aos seus elementos puramente lógicos e formais, como procedem ou algumas correntes sensualistas, ou algumas análises de conteúdo. De outro, tem-se de cuidar para não embarcar na ingenuidade de pensar que tudo já está ali no texto, independentemente daquele que lê, visível e apreensível diretamente por aquele que lê. Além disso, a "leitura monumental – como qualquer outra – não é única, definitiva, mais correta; ela não vai atrás de uma suposta 'verdade maior' de que [o texto] seria um indício e sobre a qual ele nos daria uma pista. Parafraseando Michel Foucault, o que nos interessa descobrir

---

[49] FOUCAULT, 1993b, p. 29.
[50] KELLNER, 1995, p. 121.

já está lá; basta saber ler".[51] O que mais interessa, então, é tomar o texto menos por aquilo que o compõe por dentro, e mais "pelos contatos de superfície que ele mantém com aquilo que o cerca",[52] de modo a conseguirmos mapear o regime de verdade que o acolhe e que, ao mesmo tempo, ele sustenta, reforça, justifica e dá vida.

Se um enunciado exclui – separando, por exemplo, o que está correto daquilo que não está ou quem é normal de quem não o é, segundo algum critério –, é porque o regime de verdade do qual faz parte esse enunciado se estabeleceu para atender a determinada vontade de verdade que, por sua vez, é a vontade final de um processo que tem, lá na origem, uma vontade de poder. Para um epistemólogo convencional, são tanto as proposições em si e em suas mútuas relações, quanto as correspondências entre essas proposições e o mundo real o que interessa estudar. Para um crítico tradicional, é importante perguntar "a que interesses atende esse enunciado?" ou "a serviço de quem foi criado tal enunciado?". Mas, numa perspectiva foucaultiana, as perguntas se deslocam ainda mais "para fora" das proposições e assumem, por exemplo, formulações do tipo "como se extraem [dos enunciados] qualidades e coisas, visibilidades?", ou "quais são as posições de sujeito [que são tomadas] como variáveis dessas visibilidades?",[53] ou "a que vontade de verdade – e, por ascendência, de saber e de poder – atende esse ou aquele enunciado?".

Um exemplo bastante singelo pode ajudar a compreender melhor essas questões. Tomemos o seguinte enunciado: "O Brasil subiu quatro posições no IDH (Índice de Desenvolvimento Humano) da ONU, chegando à 65ª posição entre 175 países, graças a avanços nos índices de acesso à educação e de expectativa de vida no país".[54] Uma análise "afinada" com uma epistemologia convencional – feita, por exemplo, por

---

[51] VEIGA-NETO, 2001, p. 57.

[52] *Idem.*

[53] DELEUZE, 1991, p. 72.

[54] *Folha de S. Paulo*, n. 27124, 8 jul. 2003, p. A-1.

um analista do discurso ou por um economista, geógrafo, demógrafo ou sociólogo "tradicionais" – centrará sua análise sobre os conteúdos de verdade do enunciado, perguntando sobre qual a metodologia usada para se calcular o IDH, sobre o peso mais correto a ser atribuído às variáveis educação e expectativa de vida, sobre quais as outras variáveis que estão entrando no cálculo do IDH, sobre a fidedignidade do próprio IDH etc. Um crítico tradicional se preocupará fundamentalmente em examinar a quem interessa mais calcular e divulgar o IDH, ou como é possível manipular as variáveis (e seus respectivos pesos) que entram no cálculo do IDH de modo a mostrar certas realidades e, ao mesmo tempo, ocultar outras, ou qual os efeitos ideológicos de tudo isso. Alguém que adote uma perspectiva foucaultiana até não despreza algumas das questões acima, mas centrará sua análise em torno de perguntas diferentes: "que visibilidades são ativadas por esse enunciado?", "quais são as posições de sujeito que se criam com esse enunciado?", "que vontade de poder está na origem de um tal enunciado econômico e demográfico?", "como se engendraram os saberes – que chamamos de econômicos, demográficos, políticos etc. – que precisaram ser ativados para que se chegasse a esse enunciado?".

Nada do que foi aqui discutido significa desprezar ou desqualificar outras maneiras de ler e de analisar os discursos. Significa, simplesmente, que uma análise foucaultiana é capaz de mostrar coisas que talvez as outras análises não o sejam, na medida em que a análise foucaultiana nem assume a lógica interna do que está sendo analisado, nem parte de alguma metanarrativa transcendente ao próprio discurso.

| CAPÍTULO VII

O SUJEITO

O homem é uma invenção cuja recente data a arqueologia de nosso pensamento mostra facilmente. E talvez o fim próximo. [1]

Dentre as metanarrativas iluministas a que Foucault deu as costas, talvez a mais importante e que mais interessa para a Educação seja aquela que, numa boa aproximação, pode ser sintetizada na seguinte expressão: *o sujeito desde sempre aí*. Em vez de aceitar que o sujeito é algo sempre dado, como uma entidade que preexiste ao mundo social, Foucault dedicou-se ao longo de sua obra a averiguar não apenas como se constituiu essa noção de sujeito que é própria da Modernidade, como, também, de que maneiras nós mesmos nos constituímos como sujeitos modernos, isso é, de que maneiras cada um de nós se torna essa entidade a que chamamos de sujeito moderno. No famoso texto que escreveu pouco antes da morte prematura, assim se expressou o filósofo:

> Eu gostaria de dizer, antes de mais nada, qual foi o objetivo do meu trabalho nos últimos vinte anos. Não foi analisar o fenômeno do poder nem elaborar os fundamentos de tal análise. Meu objetivo, ao contrário, foi criar uma história dos diferentes modos pelos quais, em nossa cultura, os seres humanos tornaram-se sujeitos. [2]

[1] FOUCAULT, 1992a, p. 404.

[2] FOUCAULT, 1995, p. 231.

Para melhor compreensão de como Foucault trata essa questão, é útil fazermos um contraste, examinando como é entendido o sujeito moderno.

Noções como o "eu pensante" de Descartes, a "mônada" de Leibniz, o "sujeito do conhecimento" de Kant foram fundamentais para que se firmasse a ideia de que o sujeito é uma entidade já dada, uma propriedade da condição humana e, por isso, desde *sempre aí*, presente no mundo. A própria noção moderna de que o sujeito é a matéria-prima a ser trabalhada pela Educação – seja para levá-lo de um estado selvagem para um estado civilizado (como pensou Rousseau), seja para levá-lo da menoridade para a maioridade (como pensaram Kant, Hegel e Marx) – partiu do entendimento de que o sujeito é uma entidade natural e, assim, preexistente ao mundo social, político, cultural e econômico.

É difícil superestimar os efeitos desse entendimento sobre o pensamento pedagógico moderno. Se tomarmos a obra de Comenius – este que condensou praticamente todos os saberes sobre a educação escolarizada dos séculos XVI e XVII e que hoje representa a síntese fundacional, o grau zero da Pedagogia[3] –, veremos que ele parte de um homem naturalmente educável, que ao nascer já possui toda a potencialidade própria e exclusiva de sua condição humana, mas cujo entendimento ainda se encontra num estágio rudimentar:

> Fique estabelecido, pois, que a todos os que nasceram homens a educação é necessária, para que sejam homens e não animais ferozes, não animais brutos, não paus inúteis. Segue-se que alguém só estará acima dos outros se for mais preparado que os outros.[4]

É para que todos realizem a humanidade latente que carregam ao nascer, como um dom divino, que Comenius, como um ferrenho cristão calvinista, defenderá tenazmente seu ideal pansófico: ensinar tudo a todos.

---

[3] NARODOWSKI, 2001a, p. 14.

[4] COMENIUS, 1997, p. 76.

FOUCAULT & A EDUCAÇÃO

Desde então, mesmo sem o acento religioso próprio de Comenius, praticamente todas as correntes pedagógicas modernas partilham desse mesmo entendimento sobre um *homem-sujeito desde sempre aí*, a ser desabrochado pela Educação. Vejamos isso com um pouco mais de detalhes.

No caso do sujeito de conhecimento, por exemplo, Kant e Piaget partilham do mesmo ponto básico: como humanos, já seríamos sujeitos dotados de uma natureza comum, que consiste numa capacidade intrínseca de apreendermos; o que basicamente há de diferente entre ambos é a maneira como cada um entende o processo de aprender. Mesmo que alguns piagetianos queiram marcar um forte distanciamento em relação a Kant, é preciso reconhecer que – apesar das profundas diferenças entre a epistemologia (apriorística) kantiana e a epistemologia (genética) piagetiana – ambos partilham de uma mesma Filosofia da Consciência, essa invenção do Iluminismo que entende "o mundo como constituído de estruturas vinculadas que funcionam em relação umas às outras numa sucessão ... e que concede a soberania aos atores e à agência humana nas explicações da mudança naquelas estruturas".[5] Para a Filosofia da Consciência, "o progresso (ou sua negação) é um motivo central na epistemologia: o progresso é concebido ou como o resultado do uso racional da razão e do pensamento humanos, aplicados a condições sociais (epistemologia kantiana ou lockeana) ou como a identificação de contradições das quais uma nova síntese pode ser organizada (epistemologia hegeliana ou marxista)".[6] E, na esteira dessas duas últimas, está, sem dúvida, a epistemologia genética piagetiana.

É fácil ver que, tanto para a perspectiva marxista quanto para a piagetiana, cabe justamente à Educação o papel de colocar em movimento as contradições – sejam sociais, sejam epistemológicas – para superá-las, de modo que o sujeito progrida ao longo de estruturas que ou já estavam aí ou que

---

[5] POPKEWITZ, 1994, p. 180.

[6] POPKEWITZ, 1994, p. 181.

vão se engendrando progressivamente. Em qualquer caso, o sujeito já estava desde sempre dado. Fosse ele incompleto porque ainda vazio – no caso de Kant –, incompleto porque alienado/inconsciente da realidade política e social – no caso de Marx –, ou incompleto porque ainda psicogeneticamente não de todo desenvolvido/realizado –no caso de Piaget –, o importante é que o sujeito é tomado como um ente desde sempre aí, como um ator e agente a ocupar o centro da cena social e capaz de uma racionalidade soberana e transcendente a essa cena. Tal capacidade estaria em estado latente, cabendo à Educação o papel de promover a sua efetivação.

É claro que, em todos esses casos, presume-se que o *sujeito desde sempre aí* não seja, automaticamente, um *sujeito desde sempre soberano*; ao contrário, o *sujeito desde sempre aí* é visto como objeto das influências do cenário externo – sociais, culturais, políticas, econômicas, educacionais – e, bem por isso, facilmente manipulável. Aliás, são tais influências e manipulações que em geral são consideradas a fonte dos maiores problemas sociais, na medida em que elas trabalhariam encobrindo e naturalizando o seu próprio caráter manipulador, arbitrário e quase sempre opressor. Tal encobrimento se daria no mundo das ideias, graças a um processo de representações distorcidas, cujo objetivo seria, justamente, fazer o sujeito acreditar que a opressão, a exclusão e a incapacitação são naturais ou desígnios divinos, e não algo constituído socialmente. Assim, se quisermos que o *sujeito desde sempre aí* cumpra sua dimensão humana, devemos educá-lo, para que ele possa atingir ou construir sua própria autoconsciência, de modo a reverter aquelas representações distorcidas que o alienavam; só assim ele será capaz de se contrapor efetivamente à opressão e à exclusão e, em consequência, conquistar a sua soberania.

Foucault não foi, absolutamente, o único nem mesmo o primeiro a se despedir dessa noção moderna e iluminista de sujeito. Filósofos e sociólogos, como Friedrich Nietzsche – na segunda metade do século XIX –, Martin Heidegger, Ludwig Wittgenstein e Norbert Elias – na primeira metade do

FOUCAULT & A EDUCAÇÃO

século XX –, já haviam abandonado a noção do *sujeito desde sempre aí*. Mas foi Foucault quem, de forma mais detalhada, trabalhou para demonstrar de que maneiras esse sujeito se institui. Suas pesquisas giraram em torno daquilo que ele mesmo denominou "os três modos de subjetivação que transformam os seres humanos em sujeitos"[7]: a objetivação de um sujeito no campo dos saberes – que ele trabalhou no registro da *arqueologia* –, a objetivação de um sujeito nas práticas do poder que divide e classifica –que ele trabalhou no registro da *genealogia* – e a subjetivação de um indivíduo que trabalha e pensa sobre si mesmo – que ele trabalhou no registro da *ética*. Em outras palavras, nos tornamos sujeitos pelos modos de investigação, pelas práticas divisórias e pelos modos de transformação que os outros aplicam e que nós aplicamos sobre nós mesmos. No contexto dessas discussões, Foucault tomou a palavra "sujeito" pelos seus dois significados mais importantes: "sujeito [assujeitado] a alguém pelo controle e dependência, e preso à sua própria identidade por uma consciência ou autoconhecimento".[8]

Ao analisar minuciosamente cada um desses modos de subjetivação, Foucault acaba identificando os três tipos de luta social sempre em ação, mas cujas distribuição, combinação e intensidade variam na História: a) lutas contra a dominação (religiosa, de gênero, racial etc.), b) lutas contra a exploração do trabalho e c) lutas contra as amarras do indivíduo a si próprio e aos outros. Mesmo que os dois primeiros tipos ainda estejam presentes no século XX, para o filósofo "a luta contra as formas de sujeição – contra a submissão da subjetividade – está se tornando cada vez mais importante...",[9] como o resultado de um longo processo histórico em que o antigo poder pastoral exercido pela Igreja por fim se transmuta, em torno do século XVIII, em um novo poder pastoral exercido pelo Estado.

Ao destranscendentalizar o sujeito – ou seja, ao não vê-lo como uma entidade anterior e acima da sua própria histo-

---

[7] FOUCAULT, 1995, p. 231.

[8] FOUCAULT, 1995, p. 235.

[9] FOUCAULT, 1995, p. 236.

ricidade –, ao não atribuir a ele qualquer substância *desde sempre aí*, Foucault tem de enfrentar um problema que, até então, praticamente não existia nos campos da Filosofia da Educação e, num sentido mais amplo, da própria Pedagogia. Se é o próprio conceito moderno de sujeito que desaparece com Foucault, então, assim elidido o sujeito iluminista, o filósofo terá de nos explicar de onde sai esse ser que denominamos sujeito moderno. Em outras palavras: se, até então, partia-se de um *sujeito desde sempre aí* e se examinava como ele ia sendo moldado, realizado e efetivado no interior das práticas sociais – no nosso caso, principalmente as práticas pedagógicas –, numa perspectiva foucaultiana o problema será outro, anterior: teremos de explicar como se forma isso que está aí e que chamamos de sujeito... E, ainda mais do que isso, como argumentam Varela e Alvarez-Uria, o que se coloca a partir daí é a necessidade de explicar, entre outras coisas, "de onde procede a concepção atualmente tão difundida do indivíduo como sujeito livre, autônomo e singular, complementar dessa idéia tão disseminada da sociedade enquanto um agregado de indivíduos".[10]

Por estranho que possa parecer, é claro que uma análise sobre o sujeito pedagógico, por exemplo, não pode, em termos metodológicos, se apoiar e se centrar nisso que chamamos de sujeito pedagógico, já que proceder assim seria partir dele como se ele já estivesse desde sempre e naturalmente aí. É preciso, ao contrário, tomá-lo de fora. Dito de outra maneira, uma analítica do sujeito, seja qual for a adjetivação que se atribua a esse sujeito – pedagógico, epistêmico, econômico –, não pode partir do próprio sujeito. É preciso, então, tentar cercá-lo e examinar as camadas que o envolvem e que o constituem. Tais camadas são as muitas práticas discursivas e não discursivas, os variados saberes, que, uma vez descritos e problematizados, poderão revelar quem é esse sujeito, como ele chegou a ser o que dizemos que ele é e como se engendrou historicamente tudo isso que dizemos dele. Como explicam Varela e Alvarez-Uria, é preciso

---

[10] VARELA e ALVAREZ-URIA, 1995, p. 19.

deslocar as análises para o plano "das relações de poder e de saber em cada momento histórico e em cada espaço social específico".[11] É tal deslocamento que leva Foucault a se perguntar, na esteira de Max Weber, sobre as diferentes formas de racionalidade, sobre as razões pulverizadas e específicas a cada momento e a cada lugar.

Considerando que alguns historiadores criticam a obra de Foucault por aquilo que eles consideram uma carência de estudos históricos mais detalhados e extensivos – sem dúvida, uma crítica um tanto injusta, porque não condizente com o minucioso, extenso e documentado "trabalho de campo" do filósofo –, é interessante notar o quanto outros autores, na esteira de Foucault, parecem preencher cada vez mais essa alegada carência. No campo da Educação, isso tem sido especialmente rico e variado. Livros e artigos de muitos especialistas trazem descrições históricas, fartamente documentadas, sobre como foram se combinando certas modificações nas práticas pedagógicas – envolvendo novos usos do tempo e do espaço, criando outros artefatos escolares, instituindo novas discursividades –, de modo a constituir, a partir da passagem do século XVI para o XVII, um novo e muito especial tipo de indivíduo, em conexão indissociável com a constituição de um novo tipo de sociedade.[12] Temos um bom exemplo no texto magistral de Julia Varela e Fernando Alvarez-Uria – *A maquinaria escolar* –, em que ela e ele descrevem, com pormenores, a escola moderna como uma imensa maquinaria que se encarrega de criar o sujeito moderno.[13] Além de *A maquinaria escolar*, vários outros estudos têm sido unânimes em mostrar que a escola foi a instituição moderna mais poderosa, ampla, disseminada e minuciosa a proceder uma íntima articulação entre o poder

---

[11] VARELA & ALVAREZ-URIA, 1995, p. 17.

[12] Para alguns outros estudos históricos mais detalhados, vide VARELA (1996); VARELA E ALVAREZ-URIA (1991); JONES E WILLIAMSON (1979); HOSKIN (1993); POPKEWITZ (1994). Para uma discussão foucaultiana sobre a historicidade das práticas escolares e do currículo, vide VEIGA-NETO (1998, 1999, 2000, 2002).

[13] VARELA & ALVAREZ-URIA, 1992.

e o saber, de modo a fazer dos saberes a correia (ao mesmo tempo) transmissora e legitimadora dos poderes que estão ativos nas sociedades modernas e que instituíram e continuam instituindo o sujeito.

Levando adiante uma ideia de Foucault, Deleuze sugeriu que estamos vivendo uma crise social, cuja principal característica é a substituição da lógica disciplinar pela lógica de controle.[14] Ou se não há uma substituição, há pelo menos uma mudança de ênfase, de modo que se pode dizer que se a Modernidade inventou a sociedade disciplinar, a pós-modernidade está inventando a sociedade de controle. Uma das consequências mais marcantes de tal mudança se manifesta nas formas pelas quais nos subjetivamos: de uma subjetivação em que a disciplinaridade é central – na qual a escola, como instituição fechada e episódica na nossa vida, teve e ainda tem um papel fundamental – está-se passando para uma subjetivação aberta e continuada – na qual o que mais conta são os fluxos permanentes que, espalhando-se por todas as práticas e instâncias sociais, nos ativam, nos fazem participar e nos mantêm sempre sob controle.

Os recentes desdobramentos que vários autores estão dando a essa questão estão se mostrando muito produtivos, seja para compreendermos o que se perde e o que se ganha com tais mudanças, seja para colocarmos num quadro mais amplo a assim chamada crise da educação e da escola, seja, ainda, para pensarmos novas formas de resistência contra aquilo que não queremos. A cada dia surgem mais discussões acerca dos novos processos de subjetivação, tanto na perspectiva foucaultiana quanto em outras que se afinam com ela e que são de interesse para a Educação.[15]

---

[14] DELEUZE, 1991, 1992.

[15] Entre outros, vide: DELEUZE (1992); MARSHALL (1994); PETERS (1994); HARVEY (1994); BOGARD (1996); HARDT (2000); HARDT & NEGRI (2001); VEIGA-NETO (2000A, 2000B, 2002); LARROSA & SKLIAR (2001); SENNETT (1999); BAUMAN (1999, 2001, 2003); BECK, GIDDENS & LASH (1997); SCHMID (2002); MILLER (1993); PORTER (1997); RAGO, ORLANDI & VEIGA-NETO (2002).

CAPÍTULO VIII

O *PODER-SABER*

*Onde encontrei vida, encontrei
vontade de poder.*[1]

Ao estudar as articulações entre poder e saber, Foucault descobriu que os saberes se engendram e se organizam para "atender" a uma vontade de poder. Sendo assim, como já referi, o filósofo de certa maneira inverteu a conhecida relação já tematizada por Francis Bacon, no início do século XVII: "mais saberes conferem maiores poderes". Foucault não discorda inteiramente disso, mas mostra que, antes e sobretudo, os saberes se constituem com base em uma vontade de poder e acabam funcionando como correias transmissoras do próprio poder a que servem. Já na *História da loucura,*[2] Foucault propõe claramente essa inversão que continua em *Vigiar e punir* e se estende até o primeiro volume da *História da sexualidade.*[3]

Se no primeiro domínio – o do ser-saber, cujo método é a arqueologia – Foucault se ocupou centralmente em analisar as gêneses e as transformações dos saberes no campo das Ciências Humanas, no segundo domínio – o do *ser-poder*, trabalhado pela genealogia – o que ele procura é descrever o surgimento dos saberes. Um surgimento que se dá a partir "de condições de possibilidade externas aos próprios sabe-

---

[1] NIETZSCHE, 1998, p. 145.

[2] FOUCAULT, 1978.

[3] FOUCAULT, 1993.

res, ou melhor, que imanentes a eles – pois não se trata de considerá-los como efeito ou resultante – os situam como elementos de um dispositivo de natureza essencialmente política".[4] A questão política se manifesta como decorrente dos diferenciais nas capacidades de cada um de interferir nas ações alheias; trata-se de diferenciais que estão presentes em todas as relações que acontecem na rede social. Já se vê que estamos aqui a nos referir a relações de poder. Em resumo, então, para Foucault não existem sociedades isentas das relações de poder. Para ele, "o poder não é uma substância nem um misterioso atributo,[5] mas um operador que funciona dividindo, envolvido numa prática divisória que fraciona cada um de nós, tanto internamente em si mesmo quanto em relação aos demais.[6]

E, para Foucault, essas forças, a que ele chama de poder, atuam no que de mais concreto e material temos – nossos corpos. Afastando-se das discussões sobre a gênese das ciências – de que havia se ocupado na arqueologia – o filósofo se volta, então, para a análise minuciosa e microscópica do poder, onde esse se manifesta; por isso, ele nos fala de um micropoder, de um poder molecular, que se distribui capilarmente. A descrição e o entendimento de uma microfísica do poder é o horizonte da genealogia e, para chegar lá, ela "adota o ponto de vista do corpo, o do corpo supliciado, domesticado, marcado, mutilado, decomposto, obrigado, sujeitado, o dos corpos que são repartidos, organizados, separados, reunidos".[7] O efeito desse micropoder é a "produção de almas, produção de idéias, de saber, de moral".[8] E é justamente essa produção de almas, ideias, saber e moral que, para Foucault, estabelece uma diferença radical entre poder e violência. Para ele, suas diferenças não são de intensidade, mas de natureza. Enquanto que uma ação violenta

---

[4] MACHADO, 1982, p. 187.

[5] FOUCAULT, 2003a, p. 384.

[6] FOUCAULT, 1995.

[7] EWALD, 1993, p. 28.

[8] *Idem.*

age apenas sobre um corpo, age diretamente sobre uma coisa, submetendo-a e a destruindo, o poder é uma ação sobre ações. Ele age de modo que aquele que se submete à sua ação o receba, aceite e tome como natural, necessário. Se na violência há dois polos antagônicos – um sujeito que a pratica e um objeto que a sofre, cuja única alternativa é a resistência ou a fuga –, no poder não há propriamente dois polos, já que os dois elementos não são antagônicos, mas sim sujeitos num mesmo jogo. E para que isso seja possível, o saber entra como elemento condutor do poder, como correia transmissora e naturalizadora do poder, de modo que haja consentimento de todos aqueles que estão nas malhas do poder. No interior das relações de poder, todos participam, todos são ativos.

Assim, essa produção de corpos vai além de uma dimensão psicológica ou simplesmente atitudinal, para dar origem a corpos que necessariamente têm de participar e que, por isso, são corpos políticos. Desse modo, é em decorrência desse caráter do poder que a genealogia se torna uma tecnologia política que trabalha sobre um corpo que, por sua vez, tem também uma dimensão política. Assim sendo, a genealogia faz também uma anatomia política.

Mas, ao ser uma análise dos micropoderes, a microfísica do poder tem também de se ocupar com as relações do corpo a um nível mais amplo: o nível do Estado. Esses níveis não se reduzem; nem se articulam necessariamente em todas as situações. O que a genealogia procura fazer, então, é descentrar e desestatizar o poder, tentando apreender as suas manifestações nas muitas práticas (discursivas ou não) que se articulam e se combinam e nos atravessam e nos conformam, ao nível individual e ao nível político. Nesse sentido, a genealogia é uma metodologia que busca o poder "no interior de uma trama histórica, em vez de [procurá-lo em] um sujeito constituinte",[9] dado que, como já vimos, o sujeito é constituído.

---

[9] FOUCAULT, 1992c, p. 7.

E dado que ambos – poder e saber – se articulam (modernamente) com a produção, num corpo que é político, "já não há, pois, que opor poder, saber, produção; são todos os três solidários, relevam do mesmo corpo político".[10]

Essa solidariedade entre poder, saber e produção vai na contramão das teorizações feitas tanto pelas tradições liberais (como em Galbraith) quanto weberianas ou mesmo marxistas (como no próprio Marx ou em Horkheimer, Benjamin, Althusser etc.). Ao contrário de todas essas, e seguindo Nietzsche em sua teoria das forças, nunca é demais lembrar que Foucault pulveriza e descentra o poder: não o compreende como algo que emane de um centro – instituições ou Estado –, como algo que se possua e que tenha uma natureza ou substância própria, unitária e localizável.

Assim, por dominação ele não entende uma ação "global de um sobre os outros, ou de um grupo sobre outro, mas as múltiplas formas de dominação que podem se exercer na sociedade",[11] em todas as direções e sentidos. A genealogia vai buscar "não o rei em sua posição central, mas os súditos em suas relações recíprocas; não a soberania em seu edifício único, mas as múltiplas sujeições que existem e funcionam no interior do corpo social".[12] É por isso que o filósofo se descarta da ideia hobbesiana do Estado como lócus de geração e articulação de um poder geral e amplo. O Estado não é fonte central do poder, mas sim uma matriz de individualização "sobre" a qual cada um tem construída a sua subjetividade, vive sua vida e pratica suas ações. O poder se exerce *no* Estado, mas não se deriva *dele*; pelo contrário, o poder se estatizou ao se abrigar e se legitimar sob a tutela das instituições estatais.

Assim, o papel que Foucault concede ao Estado é bem diferente daquele pensado, por exemplo, por Max Weber. Se para este o Estado moderno é a fonte de poder que se

---

[10] EWALD, 1993, p. 56.

[11] FOUCAULT, 1992b, p. 181.

[12] *Idem.*

formou – com todas as suas funções, artimanhas, instituições e burocracia – por cima dos indivíduos, em geral desconsiderando-os e sufocando-os, para Foucault, o Estado moderno nem tem toda essa importância, nem é a fonte do poder, nem é assim tão funcional quanto se costuma pensar. Para ele, hoje a questão principal da relação entre indivíduo e Estado não consiste em

> tratar de liberar o indivíduo do Estado e das instituições estatais, mas sim [em] nos liberarmos, a nós próprios, do Estado e do tipo de individualização vinculada a ele. Devemos fomentar novas formas de subjetividade mediante a recusa do tipo de individualidade que se impuseram a nós durante vários séculos.[13]

E é também por isso que Foucault nos mostra que o poder não é uma questão que possa ser bem compreendida por uma análise jurídica ou política – por mais minuciosa e competente que seja –, mormente se tal análise tomar o Estado como objeto. Nesse sentido, ele diz que "continuam considerando que o significado do poder, o ponto central, [...] é ainda a proibição, a lei, o fato de dizer não, uma vez mais a fórmula 'tu não deves'".[14] Para o filósofo, esta é "uma concepção [...] totalmente insuficiente do poder, uma concepção *jurídica*, uma concepção *formal* do poder e que é necessário elaborar outra concepção de poder".[15] É a partir daí que ele se propõe a elaborar uma concepção que não seja "jurídica, negativa, do poder, senão uma concepção positiva da tecnologia do poder".[16] Aqui, é preciso compreender que a *positividade*, em Foucault, não deve ser compreendida no sentido tradicional de um juízo de valor positivo, aprovativo, senão como uma propriedade de um fenômeno ou de uma ação produzir alguma coisa.

Para Foucault, o poder se manifesta como resultado da vontade que cada um tem de atuar sobre a ação alheia,

---

[13] FOUCAULT, 1983, p. 308.

[14] FOUCAULT, 1993a, p. 52.

[15] *Idem.*

[16] *Idem.*

– como resultado de uma vontade de potência, diria Nietzsche– de modo a "estruturar o campo possível da ação dos outros",[17] ou seja, governá-los. É essa vontade que ele denomina vontade de poder. Mas dizer que o poder funciona como uma ação sobre ações não descarta suas outras duas acepções: a) poder como capacidade ou habilidade que cada um tem de modificar, destruir, usar coisas e recursos e b) poder como capacidade que cada um tem em comunicar informações. "Entretanto, isso não significa dizer que existam três domínios separados e diferentes, porque eles são estreitamente vinculados e não podem ser dissociados".[18] E também não significa que estamos tentando fixar um conceito de poder.

Em toda essa caracterização sobre o poder, fica bem claro um tipo de pensamento não substancialista, mas relacional: o poder não *existe* (no sentido *definido* do artigo e no sentido *duro* do verbo), mas existem práticas em que ele se manifesta, atua, funciona e se espalha universal e capilarmente. No posfácio do conhecido livro de Hubert Dreyfus e Paul Rabinow[19] sobre Foucault, é esse mesmo que diz:

> Assim, o que será próprio de uma relação de poder é que essa relação é um modo de ação sobre as ações. Ou seja, as relações de poder encontram-se profundamente arraigadas no nexo social, e não constituem, por cima da sociedade, uma estrutura suplementar com cujo desaparecimento se possa sonhar. De qualquer forma, viver em sociedade é viver de modo tal que seja possível que uns atuem sobre as ações dos outros. Uma sociedade sem relações de poder é uma abstração.[20]

Mas como que para acalmar aqueles preocupados em encontrar um conceito para o poder, Foucault diz: "Dispomos da afirmação que o poder não se dá, não se troca nem se

---

[17] FOUCAULT, 1983, p. 314.

[18] MARSHALL, 1994, p. 25.

[19] DREYFUS & RABINOW, 1995.

[20] FOUCAULT, 1995.

retoma, mas se exerce, só existe em ação, como também da afirmação que o poder não é principalmente manutenção e reprodução das relações econômicas, mas acima de tudo uma relação de força".[21]

Esse entendimento relacional de poder aponta no sentido de, para usar uma redundância proposital, "conduzir as condutas": de si mesmo – do próprio corpo, suas atitudes, gestos, comportamentos, vontades etc. – e dos outros. Nesse sentido, então, o poder diz respeito menos ao enfrentamento e ao afrontamento entre adversários do que ao governamento, de si e dos outros. Nesse caso, toma-se *governamento* numa acepção ampla e anterior à captura que a Ciência Política fez da palavra *governo*, a partir dos séculos XVII e XVIII; isso é, *governamento* é tomado no sentido de "dirigir as condutas" de indivíduos ou pequenos grupos humanos: governar as crianças, as mulheres, a família etc.[22] Com isso, Foucault pôde demonstrar que esse significado mais remoto e amplo de *governo* e *governamento* foi sendo apropriado pelo Estado, produzindo-se um deslocamento e uma restrição de seu sentido em torno das instituições do Estado: "poderíamos dizer que as relações de poder foram progressivamente governamentalizadas".[23] O caráter governamental que o Estado moderno assumiu – que o filósofo denomina governamentalidade[24] –, foi o resultado de um longo processo histórico, cujas raízes Foucault vai buscar na pastoral cristã, característica da sociedade da lei – Estado de justiça, da Idade Média. Passando pela sociedade de regulamento e disciplina – Estado administrativo, dos séculos XV e XVI –, chega-se à sociedade de polícia, controlada por dispositivos de segurança – Estado de governo, moderno, governamen-

---

[21] FOUCAULT, 1992d, p. 175.

[22] Para uma discussão detalhada sobre a minha insistência em usar a palavra *governamento*, em vez de *governo* – como faz a maioria dos tradutores brasileiros –, como a melhor tradução para a palavra *gouvernment*, sempre usada por Foucault, vide VEIGA-NETO (2002b).

[23] FOUCAULT, 1995, p. 247.

[24] FOUCAULT, 1992e.

talizado. Esse processo se escorou em três dispositivos: "pastoral, novas técnicas diplomático-militares e finalmente a polícia; eis os três pontos de apoio a partir de que se pôde produzir este fenômeno fundamental na história do Ocidente: a governamentalização do Estado".[25]

É preciso ver, no que acima resumi, mais do que a descrição de um processo histórico. Foucault nos mostra, pela tematização do poder, a genealogia da razão política moderna. Como espero ter deixado claro, sua história genealógica não parte de uma razão geral e anterior, da qual se pudesse derivar uma razão política. É exatamente por isso que Foucault, seguindo Nietzsche, não parte de declarações de princípios – sejam naturais, sejam morais – para nos informar como é a razão política moderna, como *se deve entender* seus conceitos, significados e articulações. E quando é possível derivar desse entendimento alguma orientação sobre a nossa ação política concreta, essa derivação também não é deduzida com base em qualquer pressuposto geral e anterior às próprias práticas que engendraram o quadro dentro do qual iremos desenvolver essa ação política concreta. Eis aí um bom exemplo de por que motivo se costuma dizer que Foucault faz uma Filosofia da Prática e não uma Filosofia da Consciência.

Apesar de toda a tematização em torno do poder, a preocupação de Foucault não é construir propriamente uma teoria do poder, mas, sim, uma *analítica* do poder.[26] Por ela, Foucault nos dirá que "o poder não é algo que se adquira, arrebate ou compartilhe",[27] pois "as relações de poder não estão em posição de superestrutura [já] que o poder vem de baixo, isso é, não há no princípio das relações de poder, e como matriz geral, uma oposição binária e global entre os dominadores e os dominados".[28] Além disso, a vontade de poder não é subjetiva, neutra, mas intencional; isso não

---

[25] FOUCAULT, 1992e, p. 293.

[26] SHERIDAN, 1980.

[27] FOUCAULT, 1993, p. 89.

[28] FOUCAULT, 1993, p. 90.

significa que tal vontade seja individual e livre – no sentido tradicional de liberdade –, mas sim que se produzem no jogo das práticas concretas que, diante do diferencial em que as situações concretas se estabelecem, buscam satisfazer interesses e acabam por conferir legitimidades. Mas, para Foucault, não está propriamente em jogo analisar as estratégias pelas quais se estabelecem tais legitimidades; a própria questão da legitimidade não está no âmbito das preocupações do filósofo.[29]

Na vertente da teorização crítica, o conceito de resistência ocupou uma posição de destaque desde os primeiros escritos dos teóricos da Escola de Frankfurt, na primeira metade do século passado. Mas, em Foucault, a resistência é pensada de modo diferente. Para ele, o poder se dispõe numa rede, na qual há, de fato, pontos de resistência, mas que não são extraídos de "um lugar de grande Recusa – alma da revolta, foco de todas as rebeliões, lei pura do revolucionário",[30] mas que são, sim, gerados dentro da própria rede, às vezes amplamente abrangentes, mas, em geral, minúsculos, transitórios e móveis. No célebre texto "Soberania e disciplina", o filósofo diz que "o poder funciona e se exerce em rede. Nas suas malhas os indivíduos não só circulam mas estão sempre em posição de exercer este poder e de sofrer a sua ação; nunca são o alvo inerte e consentido do poder, são sempre centros de transmissão. Em outros termos, o poder não se aplica aos indivíduos; passa por eles".[31]

Se as resistências têm de se dar dentro da própria trama social, e não a partir de algum lugar externo, é simplesmente porque não há exterioridades. A trama basta-se a si mesma e nada mais há fora dela. Dito de outra maneira, a resistência ao poder não é a antítese do poder, não é o outro do poder, mas é o outro *numa relação de* poder – e não de uma relação de poder... –, uma vez que "o antagonismo das lutas não passa por uma lógica dos contrários, da contradição e da exclusão

---

[29] DREYFUS & RABINOW, 1995.

[30] FOUCAULT, 1993, p. 91.

[31] FOUCAULT, 1992b, p. 183.

de dois termos separados e opostos".[32] Assim, se Foucault, ao se despedir da dialética, ainda fala em resistência, é porque o faz num sentido bastante diferente daquele da Teoria Crítica.

A trama da rede de poderes se constrói, altera, rompe em alguns pontos e se religa depois, ali ou em outros pontos, a partir desse jogo de relações de forças. É por isso que Foucault coloca ênfase no papel das "minúsculas invenções", da *experiência constituída*, do *acontecimento* (o que denota a sua aproximação a Martin Heidegger). Em outras palavras, o agente e o "agido", o que sofre a ação, não existem como sujeitos *a priori* – como na imagem platônica do senhor e do escravo –, mas se constituem a partir de uma ação concreta e histórica, como termos instituídos por um regime de poder que é, esse sim, fundacional, ainda que não transcendental visto que é histórico, isso é, é na história que ele se constitui e funciona.

As teses foucaultianas sobre o poder foram resumidas por Deleuze em três rubricas:

> o poder não é essencialmente repressivo (já que "incita", "suscita", "produz"); ele se exerce antes de se possuir (já que só se possui sob uma forma determinável – classe – e determinada – Estado); passa pelos dominados tanto quanto pelos dominantes (já que passa por todas as forças em relação).[33]

Se não encontramos em Foucault propriamente uma teoria do poder, o mesmo acontece em relação ao *saber*. O filósofo não tematiza o conhecimento como uma faculdade humana (natural, biológica, cerebral), mas como um acontecimento articulado ao poder, como uma estratégia. Isso vai ao encontro do que disse o sociólogo alemão Norbert Elias acerca da razão moderna:

> Entre nossos contemporâneos costuma haver a sólida convicção de que a burguesia 'produziu' ou 'inventou' o pensamento racional. [...] O que se torna mais racional

---

[32] EWALD, 1993, p. 12
[33] DELEUZE, 1991, p. 79.

não são apenas os produtos isolados dos homens nem tampouco os sistemas conceituais expostos nos livros. O que se racionaliza em primeiríssimo lugar são as formas de comportamento de certos grupos humanos.[34]

Assim, se está diante de uma nova epistemologia, à qual Thomas Popkewitz denomina *epistemologia social*.[35] Trata-se de uma epistemologia de circunstância, cujo núcleo é bastante diferente daquela epistemologia "tradicional", na qual o conhecimento é entendido como uma condição que tanto se coloca a priori de qualquer experiência quanto a ultrapassa em seus limites. A epistemologia social rejeita a unidade do conhecimento e nada vê de natural ou essencialmente humano na gênese dos saberes e nas maneiras pelas quais esses se arranjam e se articulam. Ela também não entende como natural nem mesmo o interesse por essa ou aquela forma de conhecimento. Ao contrário, a qualificação de *social* "enfatiza a implicação relacional e social do conhecimento, em contraste com as implicações filosóficas americanas de epistemologia como a busca de asserções de conhecimento universais sobre a natureza, as origens e os limites do conhecimento".[36] Com isso, a intenção de Popkewitz é mostrar o caráter radicalmente histórico da epistemologia e, assumindo uma perspectiva foucaultiana, chamar a atenção para o papel da educação nos processos de estabelecimento dos arranjos modernos dos saberes. Para Silva, "as epistemologias sociais ordenam, formulam, moldam o mundo para nós, um mundo que não tem sentido fora delas".[37]

Com essa epistemologia, Foucault se afasta, muito e ao mesmo tempo, do Positivismo, do Naturalismo, do Construtivismo, da Teoria Crítica. Se em suas análises encontram-se frequentes referências a fins e interesses, esses não são invariantes, mas são resultado das práticas concretas, sejam

---

[34] ELIAS, 1989, p. 497.

[35] POPKEWITZ, 1994.

[36] POPKEWITZ, 1994, p. 174.

[37] SILVA, 1994b, p. 254.

ou não discursivas. Portanto, tais fins e interesses não estão localizados numa região transcendental para serem "consumidos" de tal ou qual forma pelos sujeitos. E, também nesses pontos, suas concepções ontológicas, epistemológicas e políticas se afastam das filosofias, por exemplo, de Husserl, de Bachelard (ainda que conserve, desse, alguma preocupação pela história dos sistemas de pensamento e da Ciência) e de Habermas (mesmo partilhando, com este, o grande interesse pela crítica às condições de opressão humana).

Ao interpretar o saber como "um agenciamento prático, um 'dispositivo' de enunciados e de visibilidades",[38] Foucault já havia mostrado, pela arqueologia, que há sempre dois elementos na estratificação: o *enunciável* (formações discursivas) e o *visível* (formações não discursivas). Há um primado do primeiro (palavra) sobre o segundo (luz), na medida em que o visível se deixa determinar (citar, descrever) parcialmente pelo enunciável; mas tal determinação é sempre parcial, de modo que o primado não implica redução. Também nesse ponto Foucault se afasta da Fenomenologia.

Existe sempre um ser-linguagem que não necessita de um sujeito prévio e enunciativo; antes, é esse sujeito que é função do enunciado, que apenas é uma posição, a quem a linguagem é dada de todo. Existe, também, sempre um ser-luz, não tanto como apenas simples impressões físicas, fotossensíveis, mas como ações, movimentos, vontades que vêm à luz num sentido lato e penetram em nós pelos sentidos em geral. Mas as visibilidades não "estavam sempre lá" à nossa disposição; as visibilidades se criam quando colocamos nossa luz sobre elas. Por outro lado, não temos todo o controle para colocar essa luz, ou seja, "não se pode pensar qualquer coisa em qualquer momento e lugar".[39] A consciência não tem mais a função de ser a abertura pela qual iluminamos o mundo; "ela apenas serve para que nele nos guiemos (reconhecimento de sinais), dentro de limites que ignora, funcionando sempre dentro do *evidente*".[40]

---

[38] DELEUZE, 1991, p. 60.

[39] VAZ, 1992, p. 71.

[40] *Idem.*

FOUCAULT & A EDUCAÇÃO

Em vez de entender o saber como caminho para a Solução do Enigma, ou para o Desvelamento (*alétheia*), ou para a Revelação, ou para a Verdade – como fizeram, no Ocidente, respectivamente as tradições arcaica, clássica, medieval e moderna – Foucault nos oferece um saber como construção histórica. E, como construção histórica, um saber que produz, ele mesmo, suas verdades, seus regimes de verdade, que, como já expliquei, ao mesmo tempo se instauram e se revelam nas práticas discursivas e não discursivas. É por isso que, para Foucault, o conhecimento e a verdade são questões históricas – e, portanto, inteligíveis pela genealogia – e não questões epistemológicas, se pensarmos em termos de uma epistemologia tradicional.[41] Como lembrou Blanchot, "a noção de verdade não é de modo algum posta de lado",[42] mas ela tem sempre de ser referida a um conjunto de possibilidades que a fizeram emergir na qualidade de "verdade". Esse autor dá, como exemplo, a postura de Foucault perante a Psicanálise, dizendo que o filósofo "não dirige contra a Psicanálise um combate que seria irrisório. Mas não esconde sua tendência a ver nela apenas o culminar de um processo estreitamente associado à história cristã",[43] e não propriamente uma descoberta de como funciona mesmo a nossa mente.

Lembro mais uma vez que uma tal historicidade da razão não é uma novidade na Filosofia pós-hegeliana; o que é novo, aqui, é a radicalidade desse historicismo, cujo paralelo talvez só se encontre em Nietzsche. Para o filósofo alemão, "a verdade não é algo que estaria em algum lugar e que, procurada, seria descoberta, mas sim é algo *a ser criado* e que nomeia um *processo*, uma vontade de subjugação que jamais tem fim. Verdade, então, como um *processus in infinitum*, como uma *determinação ativa*, não como um tornar-se consciente de algo que seria fixo e determinado 'em si mesmo'".[44]

---

[41] SIMONS, 1995.

[42] BLANCHOT, sd, p. 54.

[43] BLANCHOT, sd, p. 67.

[44] NIETZSCHE *apud* BRAIDA, 1994, p. 41.

Se Foucault aproxima *saber de poder*, numa quase fusão, é claro que para ele não são a mesma *coisa*: "poder e saber são dois lados de um mesmo processo".[45] As relações de *força* constituem o *poder*, ao passo que as relações de *forma* constituem o saber; mas aquele tem o primado sobre este. O poder se dá numa relação flutuante, isso é, não se ancora numa instituição, não se apoia em nada fora de si mesmo, a não ser no próprio diagrama[46] estabelecido pela relação diferencial de forças; por isso, o poder é fugaz, evanescente, singular, pontual. O saber, bem ao contrário, se estabelece e se sustenta nas matérias/conteúdos e em elementos formais que lhe são exteriores: luz e linguagem, olhar e fala. É bem por isso que o saber é apreensível, ensinável, domesticável, volumoso. E poder e saber se entrecruzam no sujeito, seu produto concreto,[47] e não num universal abstrato. Como já referi, aquilo que opera esse cruzamento nos sujeitos é o discurso, uma vez que "é justamente no discurso que vêm a se articular poder e saber".[48]

Ao contrário das tradições para as quais "só pode haver saber onde as relações de poder estão suspensas e que o saber só pode desenvolver-se fora de suas injunções, suas exigências e seus interesses",[49] Foucault argumenta que

> Temos antes que admitir que o poder produz saber (e não simplesmente favorecendo-o porque o serve ou aplicando-o porque é útil); que poder e saber estão diretamente implicados; que não há relação de poder sem constituição correlata de um campo de saber, nem saber que não suponha e não constitua ao mesmo tempo relações de poder. Essas relações de "poder-saber" não devem então

---

[45] SHERIDAN, 1980, p. 220.

[46] Note-se que, seguindo, entre outros, DELEUZE (1991), MACHADO (1992) e o próprio Foucault, uso a palavra diagrama e não estrutura: "O diagrama, ou a máquina abstrata, é o mapa das relações de força, mapa de densidade, de intensidade, que procede por ligações primárias não localizáveis e que passa a cada instante por todos os pontos..." (DELEUZE, 1991, p. 46).

[47] DREYFUS & RABINOW (1983).

[48] FOUCAULT, 1993, p. 95.

[49] FOUCAULT, 1989, p. 29.

ser analisadas a partir de um sujeito do conhecimento que seria ou não livre em relação ao sistema de poder; mas é preciso considerar ao contrário que o sujeito que conhece, os objetos a conhecer e as modalidades de conhecimentos são outros tantos efeitos dessas implicações fundamentais do poder-saber e de suas transformações históricas. Resumindo, não é a atividade do sujeito de conhecimento que produziria um saber, útil ou arredio ao poder, mas o poder-saber, os processos e as lutas que o atravessam e que o constituem, que determinam as formas e os campos possíveis do conhecimento.[50]

Pela citação acima, mais uma vez se vê que, de um só golpe, Foucault tanto inverte a relação tradicional entre o saber e o poder, quanto −e nunca é demais lembrar para aqueles que são do campo da Educação− implode o conceito de sujeito epistêmico, o maior ponto de apoio das epistemologias construtivistas.

---

[50] FOUCAULT, 1989, p. 30.

QUARTA PARTE

Tempos e lugares foucaultianos

CAPÍTULO IX

CRONOLOGIA FOUCAULTIANA

1926 (15 de outubro) – Paul-Michel Foucault nasce em Poitiers, França, filho do cirurgião Paul Foucault, professor de Anatomia na Escola de Medicina de Poitiers e de Anne Malapert, que, por sua vez, é filha de um cirurgião e antigo professor da mesma Faculdade. Michel Foucault tem uma irmã mais velha (Francine) e um irmão bem mais moço (Denys). Sua família segue uma nítida tradição católica e burguesa.

1930 – Precocemente, Foucault ingressa no Liceu Henri-IV de Poitiers, onde estudará até 1940, sempre se revelando um aluno brilhante.

1940 – Foucault ingressa no Colégio Saint-Stanislas, onde começa a estudar Filosofia.

1943 – Foucault obtém o bacharelado e, em setembro, contrariando o desejo do pai que queria que o filho se tornasse médico, inicia, no Liceu de Poitiers, sua preparação para o ingresso na École Normale Supérieure, na Rue Ulm, em Paris.

1945 – Colocado em 101º lugar, Foucault não consegue aprovação no concurso para a École Normale Supérieure. Mesmo assim, muda-se para Paris. Logo se matricula no Liceu Henri-IV de Paris, onde é aluno de Jean Hyppolite e trava conhecimento com a obra de Hegel e Descartes.

1946 – Colocado em 4º lugar no concurso de ingresso, Foucault começa a estudar na École Normale Superieure, da Rue Ulm, em Paris. Sarcástico e solitário, logo passa a viver quase isolado dos demais colegas. Por diversas vezes, Foucault fala em se suicidar, o que muitos então atribuem à sua homossexualidade não resolvida.

1948 – Louis Althusser começa a lecionar na École Normale Superieure, onde logo se torna amigo de Foucault, seu aluno. Foucault licencia-se em Filosofia, pela Sorbonne.

1949 – Foucault licencia-se em Psicologia, pela Sorbonne.

1950 – Louis Althusser convence Foucault a entrar, junto com vários outros alunos, para o Partido Comunista. Começa a trabalhar no serviço psiquiátrico da prisão de Fresnes. Ao tentar passar no exame de *agrégation* – pelo qual teria acesso aos estudos superiores –, é reprovado, fato que o deixa muito abalado.

1951 – Depois de estudar intensamente, Foucault é aprovado nos exames de *agrégation*, em 3º lugar. Em vez de começar a lecionar regularmente – como era de praxe –, Foucault consegue uma bolsa de estudos da Fundação Thiers, para cuja sede se muda e permanece como interno por um ano, em constante conflito com os demais colegas. A partir daí, adquire o hábito de frequentar sistematicamente a Biblioteca Nacional.

1952 – Foucault obtém o diploma de Psicologia Patológica. Torna-se professor assistente na Universidade de Lille. Inicia um caso amoroso com o compositor Jean Barraqué.

1953 – Num dos primeiros textos que publica, Foucault se insurge fortemente contra a Psicologia cientificista que, na época, fazia sucesso na França. Foucault obtém o diploma de Psicologia Experimental.

1954 – Animado pela amiga Jacqueline Verdeaux –que havia sido assistente de seu pai, em Poitiers –, consegue publicar o livro *Maladie mentale et personnalité* (*Doença mental e personalidade*), obra com forte acento marxista. Faz cursos com Lacan.

1955-1958 – Foucault leciona na Universidade de Uppsala, na Suécia; dirige a Maison de France. Em Uppsala, realiza detalhadas pesquisas nos arquivos da Biblioteca, coletando farto material sobre a loucura na época clássica. Os biógrafos são unânimes em registrar que, nos anos passados na Suécia, Foucault desenvolve um refinado dandismo. Nesse período, viaja várias vezes a Paris e traz vários intelectuais para proferirem palestras e cursos na Suécia. Torna-se amigo de Roland Barthes.

1958 – Foucault transfere-se da Suécia para a Polônia, ainda como representante do governo francês.

1959 – Foucault transfere-se de Varsóvia para Hamburgo. Morre o pai de Foucault. A mãe muda-se para Vendreuve, onde receberá regularmente –nas férias anuais e no Natal– visitas do filho Michel.

1960 – Foucault conhece Daniel Defert, aluno da École Normale Supérieure de Saint-Claude, com quem manterá uma paixão pelo resto da vida.

1961 – Foucault defende tese na Sorbonne, que será logo publicada sob o título de *Folie et déraison* (*Loucura e desrazão*); dois anos mais tarde, a Editora Gallimard torna a publicá-la sob o título *Histoire de la folie* (no Brasil: *História da loucura*). Mantém

FOUCAULT & A EDUCAÇÃO

uma série de programas radiofônicos na France-Culture, sob o título *História da loucura e literatura*.

1962 – Em substituição a Jules Vuillemin, Foucault torna-se professor na Universidade de Clermont-Ferrand, onde dirige o Departamento de Filosofia.

1963 – Início da chamada fase literária de Foucault, com seu ingresso no conselho editorial da revista *Critique*, onde permanecerá até 1977.

1965 – Primeira viagem ao Brasil, quando participa de reuniões de estudo em São Paulo.

1966 – Pela Editora Gallimard, é lançada a primeira edição de *Les mots et les choses* (no Brasil: *As palavras e as coisas*), esgotada em apenas um mês. Nomeado professor de Filosofia em Túnis, logo se engaja nos protestos estudantis anti-imperialistas.

1968 – Morre Jean Hyppolite, professor que teve profunda influência na vida pessoal e principalmente intelectual de Foucault. Apesar de ser nomeado professor de Psicologia da Universidade de Nanterre, Foucault não chega a assumir o cargo, mas transfere-se para a recém-criada Universidade de Vincennes, onde passa a lecionar Filosofia por um ano.

1969 – Pela Editora Gallimard, é publicado o polêmico *Archéologie du savoir* (no Brasil: *A arqueologia do saber*). Foucault é eleito para o *Collège de France*.

1970 – Foucault profere suas primeiras conferências nos Estados Unidos. Depois de ser nomeado para a vaga deixada por Jean Hyppolite, no *Collège de France*, Foucault profere, no dia 2 de dezembro, a famosa aula inaugural *L'ordre du discours* (no Brasil: *A ordem do discurso*).

1971 – Junto com J.-M. Domenach e Pierre Vidal-Naquet, Foucault funda o Grupo de Informações sobre as Prisões (GIP), inaugurando uma nova forma de militância e prática política. Organiza várias manifestações públicas antirracistas.

1972 – É lançada uma nova edição de *Histoire de la folie*, agora sem o prefácio. Foucault estende a militância do GIP aos Estados Unidos, visitando a Universidade de Buffalo e a prisão Attica State, em New York. Em dezembro, Foucault é preso, sob a acusação de perturbação da ordem pública.

1973 – Junto com Jean-Paul Sartre, Foucault participa da fundação do periódico *Libération*. A Editora Gallimard publica *Moi, Pierre Rivière...* (no Brasil: *Eu, Pierre Rivière...*). O livro seria transformado em filme dois anos depois, por René Allio. Entre 21 e 25 de maio, Foucault visita o Brasil e profere cinco conferências na PUC do Rio de Janeiro, hoje reunidas no livro *A verdade e as formas jurídicas*.

COLEÇÃO "PENSADORES & EDUCAÇÃO"

1975 – Pela Editora Gallimard, é publicado aquele que, mais tarde, Foucault chamará de "meu primeiro livro": *Surveiller et punir* (no Brasil: *Vigiar e punir*). Foucault envia à viúva de Jean Hippolite um exemplar da obra, com a seguinte dedicatória: "A Mme. Hyppolite, como lembrança daquele a quem devo tudo". Foucault profere as famosas e concorridíssimas conferências na Universidade da Califórnia, em Berkeley. Em Madrid, lança um manifesto antifranquista, junto com intelectuais e artistas, como Yves Montand, Costa-Gavras, Claude Mauriac.

1976 – É publicado, pela Editora Gallimard, o primeiro volume de *Histoire de la sexualité – La volonté de savoir* (No Brasil: *História da sexualidade – A vontade de saber*).

1977 – Foucault organiza uma manifestação pública contra a recepção que Giscard d'Estaing faz a Leonid Brejnev, da qual participam numerosos políticos franceses e dissidentes russos.

1978 – Foucault viaja ao Iran, para observar de perto a Revolução Iraniana, como correspondente do jornal italiano Corriere della Sera. É publicado o livro *Herculine Barbin, dite Alexina B.* (*Herculine Barbin, chamada Alexina B.*), na coleção que ele mesmo organiza para a Editora Gallimard, sob o título de *Les vies parallèles* (*As vidas paralelas*).

1979 – Junto com Jean-Paul Sartre e Raymond Aron, Foucault organiza e participa de uma conferência com a imprensa internacional, no Collège de France, sobre os refugiados chineses.

1980 – Ao lado de Pierre Bourdieu, Foucault se insurge pública e fortemente contra as posições assumidas pelo governo francês de apoio à repressão que a União Soviética fazia ao movimento Solidariedade, na Polônia.

1982 – Em colaboração com a historiadora Arlette Farge, Foucault publica, pela Editora Gallimard, *Désordre des familles, lettres de cachet des archives de la Bastille* (*Desordem das famílias, mandados de prisão dos arquivos da Bastilha*).

1983 – Junto com Paul Veyne e François Wahl, Foucault dirige a coleção *Des travaux* (*Os trabalhos*), para as Edições Seuil. Começa a preparar um livro sobre o governo de si. Foucault adquire uma casa em Verrue, a poucos quilômetros de Vendeuvre, mas nunca chegou a habitá-la.

1984 – A Editora Gallimard lança o 2° e 3° volumes de *Histoire de la sexualité –L'usage des plaisirs e Le souci de soi–* (no Brasil: *História da sexualidade –O uso dos prazeres e O cuidado de si*). O último volume, *Les aveux de la chair* (*As confissões da carne*), ficou inacabado e impublicado. No dia 25 de junho, Michel Foucault morre de AIDS, aos 58 anos.

| CAPÍTULO X

SITES DE INTERESSE NA INTERNET

Uma busca revelará dezenas de milhares de sites sobre Michel Foucault. Alguns são específicos sobre a vida e a obra do filósofo, ao passo que outros tratam de questões foucaultianas e suas relações com outros autores. Muitos outros sites trazem textos de Foucault ou sobre ele.

A seguir, estão relacionados os que considero mais úteis e interessantes: além de links variados, conforme o caso, eles trazem textos, imagens e arquivos sonoros.

Tendo em vista a quantidade de sites e as constantes atualizações, é aconselhável também consultar boas ferramentas de busca. Nesse sentido, sugiro:

- Altavista (http://br.altavista.com)
- Yahoo (http://br.yahoo.com)
- Google (http://www.google.com.br)

- http://www.csun.edu/~hfspc002/foucault.home.html
Muito rico em informações, *links*, textos e imagens. Em inglês.

- http://www.qut.edu.au/edu/cpol/foucault/
Muito rico em informações e principalmente *links*. Em inglês.

- http://www.theory.org.uk/ctr-fouc.htm
Razoáveis bibliografia e links. Em inglês.

- http://www.foucault.info/
Muito bom, em termos de generalidades. Em inglês.
- http://www.artsci.lsu.edu/fai/Faculty/Professors/Protevi/Foucault/index.html
Bom material de um curso introdutório. Em inglês.

- http://www.thefoucauldian.co.uk/

Informações e *links* úteis. Em inglês.

- http://www.governmentality.com/
Muito bom. Em inglês e sueco.

- http://www.csun.edu/~hfspc002/foucault.home.html
Muito bom, em termos de informações e links. Em inglês.

- http://search.britannica.com/search?miid=1155685&query=-Foucault,+Michel+Paul
Muito bom, da Enciclopédia Britânica. Em inglês

- http://agora.qc.ca/mot.nsf/Dossiers/Michel_Foucault
Pobre em informações, com bons *links*. Em francês.

- http://www.trincoll.edu/depts/phil/philo/phils/foucault.html
Biografia resumida, mas vários *links* interessantes. Em inglês.

- http://www.trincoll.edu/depts/phil/philo/phils/foucault.html
Bons *links* para vários filósofos. Em inglês.

- http://ourworld.compuserve.com/homepages/jeffreyhearn/bibfou~1.htm
A mais completa lista bibliográfica disponível na Internet. Em inglês.

- http://www.csun.edu/~hfspc002/foucault2.html
Razoável lista bibliográfica. Em inglês.

- http://www.hydra.umn.edu/foucault/
Boa lista bibliográfica, incluindo o material dos Arquivos Foucault, em Paris. Em inglês e francês.

- http://www.foucault.info/documents/
Razoável quantidade de textos escritos por Foucault. Em inglês.

- http://directory.google.com/Top/Society/Philosophy/Philosophers/Foucault,_Michel/Online_Texts_and_Interviews/
Vários textos e entrevistas de Foucault. Em inglês.

- http://www.california.com/~rathbone/foucau10.htm
Dicionário para o estudo das obras de Foucault. Em inglês.

- http://www.sparknotes.com/philosophy/.dir/author.html
Glossário de termos foucaultianos, montado especialmente a partir d' *A arqueologia do saber, Vigiar e punir* e *História da sexualidade*. Em inglês.

- http://www.foucault.info/links/images_and_audio.html
Muitos bons links para arquivos de imagens e audio sobre Foucault. Em inglês.

- http://www.ulysses.cwc.net/images.html

Boas fotos; difícil acesso. Em inglês.

- http://www.fnet.fr/CMF/
Site do Centro Michel Foucault, em Paris.

- http://www.siu.edu/~foucault/index.htm
Site do Círculo Foucault, que reúne interessados e especialistas na obra do filósofo e promove encontros, debates etc. Vários *links* interessantes.

- http://www.synaptic.bc.ca/ejournal/foucault.htm
Amplo e variado, com bons *links*. Em inglês.

- http://www.thefoucauldian.co.uk/
Boa lista bibliográfica. Em inglês.

- http://www.hydra.umn.edu/foucault/
Simples, mas excelente. Forte em bibliografia. Em inglês.

- http://www.trincoll.edu/depts/phil/philo/phils/foucault.html
Mais voltado a questões filosóficas, ligando Foucault principalmente a Derrida e Nietzsche. Em inglês.

- http://www.epistemelinks.com/Main/Philosophers.aspx?PhilCode=Fouc
Qualidade média, na forma de enciclopédia, com acesso a textos, links e outros materiais. Em inglês.

- http://www.erraticimpact.com/~20thcentury/html/foucault.htm
Regular, mais adequado para compra de livros. Em inglês.

- http://www.nakayama.org/polylogos/philosophers/foucault/index-e.html
Com vários links interessantes. Em inglês e japonês.

- http://www.mtsu.edu/~jpurcell/Philosophy/foucault.html
Apenas alguns links interessantes. Em inglês.

- http://carbon.cudenver.edu/~mryder/itc_data/postmodern.html#foucault ——
Acessa a vários textos de/sobre Foucault e vários autores pós-modernos. Em inglês.

- http://www.wikipedia.org/wiki/Michel_Foucault
Acessa a Enciclopédia Eletrônica Livre Wikipedia. Com hipertexto bem desenvolvido, permitindo acessos cruzados muito variados. Em alemão e inglês.

- http://www.california.com/~rathbone/foucau10.htm
Site do *Dictionary for the Study of the Works of Michel Foucault* (com vocabulário foucaultiano meio simples, mas interessante). Em inglês.

- http://foucault.info/foucault/
Excelente para bibliografia, referências etc., por ordem cronológica. Em inglês.

- http://www.britannica.com/eb/article?eu=35651
Acessa a Enciclopédia Britânica. Em inglês.

- http://www.geocities.com/bernardorieux/michel.htm
Com lista de discussões, faz parte do jornal eletrônico O Estrangeiro. Em português.

- http://www.ufrgs.br/faced/alfredo/
Links para cursos, outros sites e alguns textos. Em português.

- http://www.ufrgs.br/faced/foucault/
Site do Grupo Foucault. Em português.

Referências

ABRAHAM, Tomás (Org.). *El último Foucault*. Buenos Aires: Sudamericana, 2003.

ABRAHAM, Tomás (Org.). Prólogo. In: FOUCAULT, M. *Genealogía del racismo*. Buenos Aires: Altamira; Montevideo: Nordan-Comunidad, sd, p. 7-10.

AMARAL, Marise B. *Histórias de viagem e a produção cultural da natureza: a paisagem do Rio Grande do Sul segundo viajantes estrangeiros do século XIX*. Porto Alegre: PPG-Educação/UFRGS, 2003. Tese de Doutorado.

AMARAL, Maurília. *Constituição do sujeito, governamentalidade e Educação*. Cuiabá: PPG-Educação da UFMT, 2000. Dissertação de Mestrado.

APEL, Karl-Otto. Fundamentação última não metafísica? In: STEIN, Ernildo; BONI, Luiz de (Org.). *A Dialética e liberdade*. Porto Alegre: Editora da Universidade (UFRGS), Petrópolis: Vozes, 1993, p. 305-326.

ARAÚJO, Inês. Foucault e a crítica do sujeito. Curitiba: UFPR, 2001. BALL, Stephen. Introducing Monsieur Foucault. In: _____. (ed.). *Foucault and Education: disciplines and knowledge*. London: Routledge, 1990, p. 1-8.

BALL, Stephen. *Foucault y la educación*. Madrid: Morata, 1993.

BAUMAN, Zygmunt. *Globalização: as conseqüências humanas*. Rio de Janeiro: Jorge Zahar, 1999.

BAUMAN, Zygmunt. *Modernidade líquida*. Rio de Janeiro: Jorge Zahar, 2001.

BAUMAN, Zygmunt. *Comunidade: a busca por segurança no mundo atual*. Rio de Janeiro: Jorge Zahar, 2003.

BECK, Ulrich; GIDDENS, Anthony; LASH, Scott. *Modernização reflexiva: política, tradição e estética na ordem social moderna.* São Paulo: UNESP, 1997.

BENITES, Luiz F. *Controle, governo e subjetividade: um estudo sobre o trabalho na Previdência Social no Rio Grande do Sul.* Porto Alegre: PPG-Sociologia/UFRGS, 2003. Disssertação de Mestrado.

BERGMANN, Leila. *Educação/Mídia: representações da TV no livro didático de língua portuguesa.* Porto Alegre: PPG-Educação/UFRGS, 2003. Dissertação de Mestrado.

BERNAUER, James & RASMUSSEN, David. *The final Foucault.* Cambridge: MIT, 1991.

BEVIS, Phil; COHEN, Michèle; KENDALL, Gavin. Archaelogizing genealogy: Michel Foucault and the economy of austerity. In: GANE, Mike; JOHNSON, Terry. *Foucault's new domains.* London: Routledge, 1993, p. 193-215.

BIRMAN, Joel. *Entre cuidado e saber de si: sobre Foucault e a Psicanálise.* Rio de Janeiro: Relume Dumará, 2000.

BLANCHOT, Maurice. *Foucault como o imagino.* Lisboa: Relógio d'Água, sd.

BOGARD, William. *The simulation of surveillance: hypercontrol in telematic societies.* New York: Cambridge University Press, 1996.

BOURDIEU, Pierre. Le plaisir de savoir. *Le Monde,* 27, juin, 1984.

BRAIDA, Celso. A crítica do conhecimento em Nietzsche. In: TÜRCKE, Christoph. *Nietzsche: uma provocação.* Porto Alegre: Editora da UFRGS, Goethe Institut, 1994, p. 33-42.

BRATICH, Jack. *Foucault, cultural studies & governmentality.* New York: State University of New York Press, 2003.

BUJES, Maria Isabel E. Criança e brinquedo: feitos um para o outro? In: COSTA, Marisa V. (Org.). *Estudos culturais em educação.* Porto Alegre: Editora da Universidade, 2000, p. 205-228.

BUJES, Maria Isabel E. A invenção do eu infantil: dispositivos pedagógicos em ação. *Revista Brasileira de Educação,* ANPEd, n. 21, 2002, p. 17-39.

BUJES, Maria Isabel E. *Infância e maquinarias.* Rio de Janeiro: DP&A, 2003.

CANGUILHEM, Georges. *Le normal et le pathologique.* Paris: PUF, 1966.

CASCAIS, António F. Paixão, morte e ressurreição do sujeito em Foucault. *Comunicação e Linguagens.* Lisboa: Cosmos, n. 19, 1993, p. 77-117.

CASTRO, E. *Pensar a Foucault: interrogantes filosóficos de la arqueología del saber.* Buenos Aires: Biblos, 1995.

CHERRYHOLMES, Cleo. Um projeto social para o currículo: perspectivas pós-estruturais. In: SILVA, Tomaz (Org.). *Teoria educacional crítica em tempos pós-modernos.* Porto Alegre: Artes Médicas, 1993, p. 143-172.

COMENIUS, Johannes. *Didática Magna.* São Paulo: Martins Fontes, 1997.

CORAZZA, Sandra M. *História da infância sem fim.* Ijuí: UNIJUÍ, 2000.

COSTA, Gilcilene D. *A política e a poética do texto cultural: a produção das diferenças na revista Nova Escola.* Porto Alegre: PPG-Educação/UFRGS, 2003. Dissertação de Mestrado.

COSTA, Marisa V.; SILVEIRA, Rosa H. A revista Nova Escola e a constituição de identidades femininas. In: BRUSCHINI, Cristina; HOLLANDA, Heloisa Buarque (Org.). *Horizontes plurais: novos estudos de gênero no Brasil.* São Paulo: FCC, Trinta e Quatro, 1998.

COSTA, Marisa V.; SILVEIRA, Rosa H. (Org.). *Estudos culturais em educação.* Porto Alegre: Editora da Universidade, 2000.

COSTA, Marisa V.; SILVEIRA, Rosa H. Mídia, magistério e política cultural. In: _____. (Org.). *Estudos culturais em educação.* Porto Alegre: Editora da Universidade, 2000a, p. 73-91.

COSTA, Marisa V.; SILVEIRA, Rosa H. Sujeitos e subjetividades nas tramas da linguagem e da cultura. In: CANDAU, Vera M. (Org.) *Cultura, linguagem e subjetividade no ensinar e aprender.* Rio de Janeiro: DP&A, 2000b.

COSTA, Marisa V.; SILVEIRA, Rosa H. Ensinando a dividir o mundo; as perversas lições de um programa de televisão. *Revista Brasileira de Educação,* ANPEd, n. 20, 2002, p. 71-82.

COUTINHO, Karyne D. *Lugares de criança: shopping centers e o disciplinamento dos corpos infantis.* Porto Alegre: PPG-Educação/UFRGS, 2002. Dissertação de Mestrado.

COUTINHO, Karyne D. Educação como mercadoria: o público e o privado no caso dos shoppings centers. Campinas, CEDES: *Educação e Sociedade,* a.XXIV, n. 83, 2003. No prelo.

DAHLKE, Iara S. *Produzindo tempos, espaços, sujeitos: seriação escolar e governo dos corpos.* Porto Alegre: PPG-Educação/ UFRGS, 2001. Dissertação de Mestrado.

DAL-FARRA, Rossano A. *Representações de animal na Contemporaneidade: uma análise na mídia impressa.* Porto Alegre: PPG-Educação/UFRGS, 2003. Dissertação de Mestrado.

DAVIDSON, Arnold. Archaeology, Genealogy, Ethics. In: HOY, David (ed.). *Foucault: a critical reader.* Oxford: Basil Blackwell, 1992, p. 221-233.

DAZZI, Mirian D. B. *Prevenir é sempre melhor: representações de HIV/AIDS nos vídeos educativos do Ministério da Saúde.* Porto Alegre: PPG-Educação/UFRGS, 2002. Dissertação de Mestrado.

DEAN, Michael. *Critical and Effective Histories: Foucault's Methods and Historical Sociology.* London: Routledge, 1994.

DEAN, Michael. *Governmentality: power and rule in modern society.* London: Sage, 1999.

DELEUZE, Gilles. *Foucault.* São Paulo: Brasiliense, 1991.

DELEUZE, Gilles. Política. In: _____. *Conversações.* Rio de Janeiro: Trinta e Quatro, 1992, p. 209-226.

DÍAZ, Esther. *La filosofia de Michel Foucault.* Buenos Aires: Biblos, 1995.

DÍAZ, Mario. Foucault, docentes e discursos pedagógicos. In: SILVA, Tomaz (Org.). *Liberdades reguladas: as pedagogias construtivistas e outras formas de governo do eu.* Petrópolis: Vozes, 1998, p. 14-29.

DREYFUS, Hubert, RABINOW, Paul. *Michel Foucault. Uma trajetória filosófica para além do estruturalismo e da hermenêutica.* Rio de Janeiro: Forense Universitária, 1995.

ELIAS, Norbert. *El proceso de la civilización: investigaciones sociogenéticas y psicogenéticas.* México: Fondo de Cultura Económica, 1989.

ERIBON, Didier. *Michel Foucault:1926-1984.* São Paulo: Companhia das Letras, 1990.

ERIBON, Didier. *Michel Foucault e seus contemporâneos.* Rio de Janeiro: Jorge Zahar, 1996.

ÉVRARD, Franck. *Michel Foucault et l'histoire du sujet en Occident.* Paris: Bertrand-Lacoste, 1995.

EWALD, François. M. Foucault: une pensée sans aveu. *Magazine Littéraire*, n. 128, 1977.

EWALD, François. *Foucault, a norma e o direito.* Lisboa: Vega, 1993.

FABRIS, Elí T. *Representações de espaço e tempo no olhar de Hollywood sobre a escola*. Porto Alegre: PPG-Educação/UFRGS, 1999. Dissertação de Mestrado.

FABRIS, Elí T. Hollywood e a produção de sentidos sobre o estudante. In: COSTA, Marisa V. (Org.). *Estudos culturais em educação*. Porto Alegre: Editora da Universidade, 2000, p. 257-286.

FISCHER, Rosa B. A paixão de trabalhar com Foucault. In: COSTA, Marisa V. (Org.). *Caminhos investigativos: novos olhares na pesquisa em Educação*. Rio de Janeiro: DP&A, 2002, p. 39-60.

FISCHER, Rosa B. Verdades em suspenso: Foucault e os perigos a enfrentar. In: COSTA, Marisa V. (Org.). *Caminhos investigativos II: novos olhares na pesquisa em Educação*. Rio de Janeiro: DP&A, 2002a, p. 49-71.

FLYNN, Thomas. Foucault's mapping of history. In: GUTTING, Gary (ed.). *The Cambridge companion to Foucault*. Cambridge: Cambridge University Press, 1994, p. 28-46.

FOLHA DE SÃO PAULO. *Caderno A*. São Paulo, n. 27124, 8 jul. 2003, p. A-1.

FONSECA, Márcio A. *Michel Foucault e a constituição do sujeito*. São Paulo: EDUC, 1995.

FOUCAULT, Michel. *História da loucura*. São Paulo: Perspectiva, 1978.

FOUCAULT, Michel. Deux essais sur le sujet et le pouvoir. In: DREYFUS, H., RABINOW, P. *Michel Foucault: un parcours philosophique*. Paris: Gallimard, 1983, p. 297-321.

FOUCAULT, Michel. *História da sexualidade 3: O cuidado de si*. Rio de Janeiro: Graal, 1985.

FOUCAULT, Michel. *A arqueologia do saber*. Rio de Janeiro: Forense-Universitária, 1987.

FOUCAULT, Michel. *Vigiar e punir*. Petrópolis: Vozes, 1989.

FOUCAULT, Michel. Politics and the study of discourse. In: URSCHELL, G; GORDON, C.; MILLER, P. (ed.). *The Foucault's effect: studies in governamentality*. London: Harvester, 1991, p. 51-72.

FOUCAULT, Michel. Tecnologías del yo. In: _____. *Tecnologías del yo y otros textos afines*. Barcelona: Paidós Ibérica, 1991a, p. 45-94.

FOUCAULT, Michel. *O que é um autor?* Lisboa: Passagens, 1992.

FOUCAULT, Michel. *As palavras e as coisas*. São Paulo: Martins Fontes, 1992a.

FOUCAULT, Michel. Soberania e disciplina. In: _____. *Microfísica do poder*. Rio de Janeiro: Graal, 1992b, p. 179-191.

FOUCAULT, Michel. Verdade e poder. In: _____. *Microfísica do poder*. Rio de Janeiro: Graal, 1992c, p. 1-14.

FOUCAULT, Michel. Genealogia e poder. In: _____. *Microfísica do poder*. Rio de Janeiro: Graal, 1992d, p. 167-177.

FOUCAULT, Michel. A governamentalidade. In: _____. *Microfísica do poder*. Rio de Janeiro: Graal, 1992e, p. 277-293.

FOUCAULT, Michel. Nietzsche, a genealogia e a história. In: FOUCAULT, Michel. *Microfísica do poder*. Rio de Janeiro: Graal, 1992f, p. 15-37.

FOUCAULT, Michel. *História da sexualidade 1: A vontade de saber*. Rio de Janeiro: Graal, 1993.

FOUCAULT, Michel. Las redes del poder. In: _____. *Las redes del poder*. Buenos Aires: Almagesto, 1993a, p. 49-72.

FOUCAULT, Michel. Respuesta a una pregunta. In: _____. *Las redes del poder*. Buenos Aires: Almagesto, 1993b, p. 13-47.

FOUCAULT, Michel. Verdade e subjectividade. *Comunicação e Linguagens*. Foucault: uma analítica da experiência. Lisboa, 1993c, p. 203-223.

FOUCAULT, Michel. *História da sexualidade 2: O uso dos prazeres*. Rio de Janeiro: Graal, 1994.

FOUCAULT, Michel. *Dits et écrits*. Vol. IV. Paris: Gallimard, 1994a.

FOUCAULT, Michel. M. Foucault, l'ilegalisme et l'art de punir. In: _____. *Dits et écrits: 1954-1988*. v.III (1976-1979). Paris: Gallimard, 1994b, p. 86-89.

FOUCAULT, Michel. O sujeito e o poder. In: DREYFUS, Hubert; RABINOW, Paul. *Michel Foucault. Uma trajetória filosófica: para além do estruturalismo e da hermenêutica*. Rio de Janeiro: Forense Universitária, 1995, p. 231-249.

FOUCAULT, Michel. *A ordem do discurso*. São Paulo: Loyola, 1996.

FOUCAULT, Michel. La ética del cuidado de sí como práctica de libertad. In: _____. *El yo minimalista y otras conversaciones*. Buenos Aires: La Marca, 1996a, p. 144-169.

FOUCAULT, Michel. *A verdade e as formas jurídicas*. Rio de Janeiro: NAU, 1996b.

FOUCAULT & A EDUCAÇÃO

FOUCAULT, Michel. Nietzsche, Freud e Marx. In: _____. *Nietzsche, Freud e Marx. Theatrum Philosophicum.* São Paulo: Princípio, 1997.

FOUCAULT, Michel. *Ditos & escritos. Problematização do sujeito: Psicologia, Psiquiatria e Psicanálise* (vol. I). Rio de Janeiro: Forense Universitária, 1999.

FOUCAULT, Michel. *Em defesa da sociedade.* São Paulo: Martins Fontes, 1999a.

FOUCAULT, Michel. *Ditos & escritos. Arqueologia das ciências e história dos sistemas de pensamento.* (vol. II). Rio de Janeiro: Forense Universitária, 2000.

FOUCAULT, Michel. *Estruturalismo e pós-estruturalismo.* In: _____. *Ditos & escritos. Arqueologia das ciências e história dos sistemas de pensamento.* (vol. II). Rio de Janeiro: Forense Universitária, 2000a, p. 307-334.

FOUCAULT, Michel. *Os anormais.* São Paulo: Martins Fontes, 2001.

FOUCAULT, Michel. *O nascimento da clínica.* Rio de Janeiro: Forense Universitária, 2003.

FOUCAULT, Michel. Omnes et singulatim: uma crítica da Razão Política. In: _____. *Ditos & escritos. Estratégia, poder-saber.* (vol. IV). Rio de Janeiro: Forense Universitária, 2003a, p. 355-385.

FOUCAULT, Michel. Poder e saber. In: _____. *Ditos & escritos.* Estratégia, Poder-Saber. (vol. IV). Rio de Janeiro: Forense Universitária, 2003b, p. 223-240.

FOUCAULT, Michel. Genealogía I: erudición y saberes sujetos. In: _____. *Genealogía del racismo.* Buenos Aires: Altamira; Montevideo: Nordan-Comunidad, sd, p. 11-22.

GANE, Mike; JOHNSON, Terry. *Foucault's new domains.* London: Routledge, 1993.

GIROUX, H. O pós-modernismo e o discurso da crítica educacional. In: SILVA, Tomaz (Org.). *Teoria educacional crítica em tempos pós-modernos.* Porto Alegre: Artes Médicas, 1993, p. 41-69.

GONZALES, Julián. *Michel Foucault: una filosofía de la acción.* Madrid: Centro de Estudioa Constitucionales, 1989.

GORE, Jeniffer. *The struggle for pedagogies: critical and feminist discourses as regimes of truth.* New York: Routledge, 1993.

GORE, Jeniffer. Foucault e Educação: fascinantes desafios. In: SILVA, Tomaz (Org.). *O sujeito da Educação: estudos foucaultianos.* Petrópolis: Vozes, 1994, p. 9-20.

GORE, Jeniffer. Disciplining bodies: on the continuity of power relations in Pedagogy. In: POPKEWITZ, Thomas; BRENNAN, Marie (ed.). *Foucault's challenge: discourse, knowledge and power in Education.* New York: Columbia University, 1998, p. 231-251.

GROS, Frédéric. *Michel Foucault.* Paris: PUF, 1996.

GRÜN, Mauro. A produção discursiva sobre Educação Ambiental: terrorismo, arcaísmo e transcendentalismo. In: VEIGA-NETO, Alfredo (Org.). *Crítica pós-estruturalista e Educação.* Porto Alegre: Sulina, 1995, p. 159-184.

GUSDORF, Georges. A interdisciplinaridade. Universidade Gama Filho: *Revista de Ciências Humanas.* Rio de Janeiro, v. 1, n. 2, 1977, p. 13-22.

HARDT, Michael. A sociedade mundial de controle. In: ALLIEZ, Eric. *Deleuze: uma vida filosófica.* Rio de Janeiro: Trinta e Quatro, 2000.

HARDT, Michael; NEGRI, Antonio. *Império.* Rio de Janeiro: Record, 2001.

HARVEY, David. *Condição pós-moderna: uma pesquisa sobre as origens da mudança cultural.* São Paulo: Loyola, 1996.

HONNETH, Axel. Foucault e Adorno: duas formas de crítica da Modernidade. Comunicação e Linguagens. *Foucault: uma analítica da experiência.* Lisboa, 1993, p. 171-181.

HOSKIN, Keith. The examination, disciplinary power and rational schooling. *History of Education,* v. 8, n. 2, 1979, p. 135-146.

HOSKIN, Keith. Foucault under examination. The crypto-educationalist unmasked. In: BALL, S. J. (ed.) *Foucault and Eduaction. Disciplines and knowledge.* London: Routledge, 1990, p. 29-53.

HOSKIN, Keith. Education and the genesis of disciplinarity: the unexpected reversal. In: MESSER-DAVIDOW, E.; SHUMAY, D., SILVAN, D. (ed.). *Knowledges. Historical and critical studies indisciplinarity.* Charlottesville: University Press of Virginia, 1993, p. 271-304.

HOY, David (ed.). *Foucault: a critical reader.* Oxford: Basil Blackwell, 1992.

HÜNING, Simone M. *Ordinário, marche! A constituição e o governo do risco social em crianças/adolescentes.* Porto Alegre: PPG-Psicologia/PUCRS, 2003. Dissertação de Mestrado.

HUNTER, Ian. *Culture and government: the emergence of literary education.* Houndmills: The Macmillan Press, 1988.

HUNTER, Ian.Personality as a vocation: the political rationality of the humanities. *Economy and Society*, v. 19, n. 4, 1990.

JONES, Keith; WILLIAMSON, K. The birth of the schoolroom. *Ideology & Consciousness*: governing the present, n. 6, 1979.

KANT, Immanuel. *Resposta à pergunta: Que é "Esclarecimento"?* (Aufklärung). São Paulo, sd.

KELLNER, Douglas. Lendo imagens criticamente: em direção a uma pedagogia pós-moderna. In: SILVA, Tomaz (Org.). *Alienígenas na sala de aula: uma introdução aos estudos culturais em Educação*. Petrópolis: Vozes, 1995, p. 104-131.

KENDALL, Gavin; WICKHAM, Gary. *Using Foucault's methods*. London: Sage, 1999.

KINDEL, Eunice A. I. *A natureza no desenho animado ensinando sobre homem, mulher, raça, etnia e outras coisas mais*. Porto Alegre: PPG-Educação/UFRGS, 2003. Tese de Doutorado.

KIZILTAN, Mustafa Ü.; BAIN, William J.; CAÑIZARES, Anita. Condições pós-modernas: repensando a educação pública. In: SILVA, Tomaz (Org.). *Teoria educacional crítica em tempos pós-modernos*. Porto Alegre: Artes Médicas, 1993, p. 205-232.

KLAUS, Viviane. *A família na escola: uma aliança produtiva*. Porto Alegre: PPG-Educação/UFRGS, 2003. Proposta de Dissertação de Mestrado.

KREMER-MARIETTI, Angèle. *Introdução ao pensamento de Michel Foucault*. Rio de Janeiro: Jorge Zahar, 1977.

LARROSA, Jorge. Tecnologias do eu e Educação. In: SILVA, Tomaz (Org.). *O sujeito da Educação: estudos foucaultianos*. Petrópolis: Vozes, 1994, p. 35-86.

LARROSA, Jorge. Literatura, experiência e formação. In: COSTA, Marisa V. (Org.). *Caminhos Investigativos: novos olhares na pesquisa em Educação*. Rio de Janeiro: DP&A, 2002, p. 133-160.

LARROSA, Jorge; SKLIAR, Carlos. *Habitantes de Babel: políticas e poéticas da diferença*. Belo Horizonte: Autêntica, 2001.

LECOURT, D. *Para uma crítica da Epistemologia*. Lisboa: Assírio & Alvim, 1980.

LIMA, André P. *Encontros, disciplinaridade e integração curricular*. Campinas: PPG-Educação/UNICAMP, 2002. Dissertação de Mestrado.

LOPES, Maura C. *Foto & Grafias: possibilidades de leitura dos surdos e da surdez na Escola de Surdos*. Porto Alegre: PPG-Educação/UFRGS, 2002. Tese de Doutorado.

LYOTARD, Jean-François. *O pós-moderno explicado às crianças.* Lisboa: D.Quixote, 1993.

MACHADO, Roberto. *Ciência e saber: a trajetória da arqueologia de Michel Foucault.* Rio de Janeiro: Graal, 1982.

MACHADO, Roberto. Arqueología y epistemología. In: BALBIER, E. *et al. Michel Foucault, filósofo.* Barcelona: Gedisa, 1990, p. 15-30.

MACHADO, Roberto. Por uma genealogia do poder. In: FOUCAULT, M. *Microfísica do poder.* Rio de Janeiro: Graal, 1992, p. vii-xxiii.

MACHADO, Roberto. *Comunicação pessoal,* 1996.

MACHADO, Roberto.*Foucault, a filosofia e a literatura.* Rio de Janeiro: Jorge Zahar, 2000.

MAGALHÃES, Rui. Foucault e Habermas: a propósito de uma "crítica filosófica". *Comunicação e Linguagens. Foucault: uma analítica da experiência.* Lisboa, 1993, p. 183-199.

MAHON, Michael. *Foucault's Nietzschean Genealogy.* New York: State University of New York Press, 1992.

MAIA, Antônio C. Sobre a analítica do poder de Foucault. *Tempo Social,* USP, v.7, n.1-2, 1995, p. 83-103.

MAIA, Antônio C. A genealogia de Foucault e as formas fundamentais de poder/saber: o inquérito e o exame. In: CASTELO BRANCO, Guilherme; BAÊTA NEVES, Luiz F. *Michel Foucault: da arqueologia do saber à estética da existência.* Rio de Janeiro: NAU, 1998, p. 103-145.

MALDONADO, Maritza C. *A ordem do discurso ambiental.* Porto Alegre: PPG-Educação/UFRGS, 2002. Dissertação de Mestrado.

MARSHALL, James D. Foucault and educational research. In: BALL, Stephen J. (Org.). *Foucault and Education: disciplines and knowledge.* London: Routledge, 1990, p. 11-28.

MARSHALL, James D. Governamentalidade e Educação Liberal. In: SILVA, Tomaz (Org.). *O sujeito da Educação: estudos foucaultianos.* Petrópolis: Vozes, 1994, p. 21-34.

MARTINS, Estevão. Pluralismo científico. In: STEIN, Ernildo; BONI, Luiz de (Org.). *A dialética e liberdade.* Porto Alegre: Editora da Universidade (UFRGS), Petrópolis: Vozes, 1993, p. 104-116.

MARTON, Scarlett. O eterno retorno do mesmo: tese cosmológica ou imperativo ético? In: TÜRCKE, Christoph. *Nietzsche: uma provocação.* Porto Alegre: Editora da Universidade (UFRGS), Goethe Institut, 1994, p. 11-32.

FOUCAULT & A EDUCAÇÃO

McHOUL, Alec; GRACE, Wendy. *A Foucault Primer: discourse, power and the subject*. New York: New York University Press, 1993.

MERQUIOR, José Guilherme. *Michel Foucault ou o niilismo de cátedra*. Rio de Janeiro: Nova Fronteira, 1985.

MILLER, Jacques-Alain. A máquina panóptica de Jeremy Bentham. In: BENTHAM, Jeremy *et al.* (org. por Tomaz Silva). *O Panóptico*. Belo Horizonte: Autêntica, 2000.

MILLER, James. *La pasión de Michel Foucault*. Buenos Aires: Andres Bello, 1995.

MILLER, Toby. *The well-tempered self.* Baltimore: The John Hopkins University Press, 1993.

MIRANDA, José A. & CASCAIS, António F. A lição de Foucault. In: FOUCAULT, M. *O que é um autor?* Lisboa: Passagens, 1992, p. 5-28.

MOREY, M. La cuestión del método. In: FOUCAULT, M. *Tecnologías del yo y otros textos afines*. Barcelona: Paidós Ibérica, 1991, p. 9-44.

MOSS, Jeremy (ed.). *The later Foucault*. London: Sage, 1998.

NARODOWSKI, Mariano. *Infância e poder: conformação da Pedagogia moderna*. Bragança Paulista: Universidade São Francisco, 2001.

NARODOWSKI, Mariano. *Comenius & a Educação*. Belo Horizonte: Autêntica, 2001a.

NIETZSCHE, Friedrich. *Aurora*. Porto: Rés, 1983.

NIETZSCHE, Friedrich. *Obras incompletas*. São Paulo: Nova Cultural, 1996.

NIETZSCHE, Friedrich. *Assim falou Zaratustra*. Rio de Janeiro: Civilização Brasileira, 1998.

NÓBLEGA, Jorge G. *Subjetividade e texto: um estudo introdutório na Educação de Adultos*. Porto Alegre: PPG-Educação/UFRGS, 2001. Dissertação de Mestrado.

ORLANDI, Luiz Benedito L. Do enunciado em Foucault à teoria da multiplicidade em Deleuze. In: TRONCA, Italo. *Foucault vivo*. Campinas: Pontes, 1987, p. 11-42.

ORTEGA, Francisco. *Amizade e estética da existência em Foucault*. Rio de Janeiro: Graal, 1999.

PALAMIDESSI, Mariano I. *El orden y detalle de las cosas enseñables: un análisis de los planes, programas y currículos para la escuela primaria*. Porto Alegre: PPG-Educação/UFRGS, 2000. Tese de Doutorado.

PARDO, C. G. *Starting with Foucault: an introduction to genealogy.* Boulder: Westview Press, 1995.

PASSETTI, Edson. Anarquismos e sociedade de controle. In: RAGO, Margareth; ORLANDI, Luiz B.; VEIGA-NETO, Alfredo (Org.). *Imagens de Foucault e Deleuze: ressonâncias nietzschianas.* Rio de Janeiro: DP&A, 2002, p. 124-138.

PEREIRA, Antônio. *A analítica do poder em Michel Foucault.* Belo Horizonte: Autêntica, 2003.

PETERS, Michael. Governamentalidade neoliberal e Educação. In: SILVA, Tomaz (Org.). *O sujeito da Educação: estudos foucaultianos.* Petrópolis: Vozes, 1994, p. 211-224.

POPKEWITZ, Thomas. *A political sociology of educational reform: power/knowledge in teaching, teacher education and research.* New York: Teachers College Press, 1991.

POPKEWITZ, Thomas. História do currículo, regulação social e poder. In: SILVA, Tomaz. *O sujeito da Educação: estudos foucaultianos.* Petrópolis: Vozes, 1994, p. 173-210.

PORTER, Roy (ed.). *Rewriting the self: histories from the Renaissance to the present.* London: Routledge, 1997.

PORTOCARRERO, Vera; CASTELO BRANCO, Guilherme (Org.). *Retratos de Foucault.* Rio de Janeiro: NAU, 2000.

QUEIROZ, André. *Foucault: o paradoxo das passagens.* Rio de Janeiro: Pazulin, 1999.

RABINOW, P. (ed.). *The Foucault reader.* New York: Pantheon, 1984.

RAGO, Margareth. O efeito Foucault na historiografia brasileira. *Tempo Social,* USP, v. 7, n. 1-2, 1995, p. 67-82.

RAGO, Margareth; ORLANDI, Luiz B.; VEIGA-NETO, Alfredo (Org.). *Imagens de Foucault e Deleuze: ressonâncias nietzschianas.* Rio de Janeiro: DP&A, 2002.

RAJCHMAN, John. *Foucault: a liberdade da filosofia.* Rio de Janeiro: Jorge Zahar, 1987.

RATTO, Ana Lúcia. *Livros de ocorrência: disciplina, normalização e subjetivação.* Porto Alegre: PPG-Educação/UFRGS, 2002. Proposta de Tese de Doutorado.

RATTO, Ana Lúcia. Cenários criminosos e pecaminosos nos livros de ocorrência de uma escola pública. *Revista Brasileira de Educação,* ANPEd, n.20, 2002a, p. 95-106.

RIBEIRO, Renato Janine. Os ensaios de Foucault. *Folha de São Paulo*: Jornal de Resenhas. São Paulo, n.16, 1996, p. 1.

RIZA, Salah. *Michel Foucault: de l'archiviste au militant*. Paris: Josette Lyon, 1997.

ROCHA, Cristianne Fammer. *Desconstruções edificantes: uma análise da ordenação do espaço como elemento do currículo*. Porto Alegre: PPG-Educação/UFRGS, 2000. Dissertação de Mestrado.

ROCHA, Cristianne Fammer. O espaço escolar em revista. In: COSTA, Marisa V. (Org.). *Estudos culturais em Educação*. Porto Alegre: Editora da Universidade, 2000a, p. 117-142.

ROCHA, Cristianne Fammer. *Espaços escolares: nada fora do controle*. Porto Alegre: PPG-Educação/UFRGS, 2002. Proposta de Tese de Doutorado.

ROPELATO, Carla S. *A fabricação da anormalidade no cotidiano escolar*. Itajaí: PPG-Educação/UNIVALI, 2003. Dissertação de Mestrado.

RORTY, Richard. A Filosofia e o espelho da Natureza. Lisboa: D.Quixote, 1988.

ROSE, Nikolas. *Governing the soul: the shaping of the private self*. London: Routledge, 1989.

ROSE, Nikolas. Assembling the modern self. In: PORTER, Roy (ed.). *Rewriting the self: histories from the Renaissance to the present*. London: Routledge, 1997, p. 224-248.

SANTOS, Iolanda. *Cuidar e curar para governar: as campanhas de saúde na escola*. Porto Alegre: PPG-Educação/UFRGS, 2003. Proposta de Dissertação de Mestrado.

SANTOS, João de Deus. *Licenciaturas e Biopoder: uma perspectiva de análise*. Porto Alegre: PPG-Educação/UFRGS, 2001. Dissertação de Mestrado.

SANTOS, Luis Henrique. A Biologia tem uma história que não é natural. In: COSTA, Marisa V. (Org.). *Estudos culturais em Educação*. Porto Alegre: Editora da Universidade, 2000, p. 229-256.

SANTOS, Luis Henrique. *Biopolíticas de HIV/AIDS: uma análise dos anúncios televisivos das campanhas oficiais de prevenção (1986-2000)*. Porto Alegre: PPG-Educação/UFRGS, 2002. Tese de Doutorado.

SCHMID, Wilhelm. *En busca de un nuevo arte de vivir: la pregunta por el fundamento y la nueva fundamentación de la ética en Foucault*. Valencia: Pre-Textos, 2002.

SCHMIDT, Saraí P. *A educação nas lentes do jornal.* Porto Alegre: PPG-Educação/UFRGS, 1999. Dissertação de Mestrado.

SCHWANTES, Lavínia. *Educação e Lazer: a produtividade do Museu de Ciências e Tecnologia da PUCRS.* Porto Alegre: PPG-Educação/UFRGS, 2001. Dissertação de Mestrado.

SELMAN, M. Dangerous ideas in Foucault and Wittgenstein. In: *Fifth Concurrent Session in Philosophy of Education,* 1988, p. 316-325.

SENNETT, Richard. *A corrosão do caráter: as conseqüências pessoais do trabalho no novo capitalismo.* Rio de Janeiro: Record, 1999.

SHARPE, J. A história vista de baixo. In: BURKE, Peter (Org.). *A escrita da história: novas perspectivas.* São Paulo: UNESP, 1992, p. 39-62.

SHERIDAN, Alan. *Michel Foucault: The will to truth.* London: Tavistock, 1980/1981.

SILVA, Tomaz (Org.). *O sujeito da Educação: estudos foucaultianos.* Petrópolis: Vozes, 1994.

SILVA, Tomaz (Org.). O adeus às metanarrativas educacionais. In: _____. (Org.). *O sujeito da Educação: estudos foucaultianos.* Petrópolis: Vozes, 1994b, p. 247-258.

SILVA, Tomaz (Org.). O projeto educacional moderno: identidade terminal? In: VEIGA-NETO, Alfredo (Org.). *Crítica pós-estruturalista e Educação.* Porto Alegre: Sulina, 1995, p. 245-260.

SILVA, Tomaz (Org.). *Liberdades Reguladas: as pedagogias construtivistas e outras formas de governo do eu.* Petrópolis: Vozes, 1998.

SIMONS, Jon. *Foucault and the Political.* London: Routledge, 1995.

SMART, Barry. *Michel Foucault.* London: Routledge, 1992.

SOMMER, Luis Henrique. *Computadores na escola: a produção de cérebros-de-obra.* Porto Alegre: PPG-Educação/UFRGS, 2003. Tese de Doutorado.

SOUZA, Nádia G. *Que corpo é esse?* Porto Alegre: PPG-Bioquímica/UFRGS, 2002. Tese de Doutorado.

SPANIOL, Walter. *Filosofia e Método no Segundo Wittgenstein: uma luta contra o enfeitiçamento do nosso entendimento.* São Paulo: Loyola, 1989.

STRAUB, José Luiz. *Brincadeiras: práticas culturais de governo das crianças.* Porto Alegre: PPG-Educação/UFRGS, 2001. Dissertação de Mestrado.

TARCUS, Horacio. *Disparen sobre Foucault*. Buenos Aires: El Cielo por Asalto, sd.

TAYLOR, Charles. Foucault on freedon and truth. In: HOY, David (ed.). *Foucault: a critical reader*. Oxford: Basil Blackwell, 1992, p. 69-102.

TERNES, José. *Michel Foucault e a idade do homem*. Goiânia: UFG, UEG, 1998.

THOMA, Adriana S. *O jogo da flutuação das representações e dos discursos dos textos cinematográficos e dos textos surdos: que drama se desenrola neste filme? depende da perspectiva...* Porto Alegre: PPG-Educação/UFRGS, 2002. Tese de Doutorado.

USHER, Robin & EDWARDS, Richard. *Postmodernism and education*. London: Routledge, 1994.

VARELA, Julia. Categorias espaço-temporais e socialização escolar: do individualismo ao narcisimo. In: COSTA, Marisa V. (Org.). *Escola básica na virada do século: cultura, política e currículo*. São Paulo: Cortez, 1996, p. 73-106.

VARELA, Julia & AVAREZ-URIA, Fernando. *Arqueología de la escuela*. Madrid: La Piqueta, 1991.

VARELA, Julia & AVAREZ-URIA, Fernando. A maquinaria escolar. *Teoria & Educação*. Porto Alegre, n.6, 1992, p. 68-96.

VARELA, Julia & AVAREZ-URIA, Fernando. El método genealógico: de los sociólogos clásicos a los trabajos de Norbert Elias y Michel Foucault. *Congreso de Sociología de Granada*, 1995. Mímeo.

VAZ, Paulo. *Um pensamento infame: História e Liberdade em Michel Foucault*. Rio de Janeiro: Imago, 1992.

VEIGA-NETO, Alfredo. Foucault e Educação: outros estudos foucaultianos. In: SILVA, Tomaz (Org.). *O sujeito da Educação: estudos foucaultianos*. Petrópolis: Vozes, 1994.

VEIGA-NETO, Alfredo (Org.). *Crítica Pós-Estruturalista e Educação*. Porto Alegre: Sulina, 1995.

VEIGA-NETO, Alfredo. *A ordem das disciplinas*. Porto Alegre: PPG-Educação/UFRGS, 1996.

VEIGA-NETO, Alfredo. Currículo e interdisciplinaridade. In: MOREIRA, Antonio Flávio (Org.) *Currículo: questões atuais*. Campinas: Papirus, 1997, p. 59-102.

VEIGA-NETO, Alfredo. Conexões... In: OLIVEIRA, M. R. N. S. (Org.). *Confluências e divergências entre Didática e Currículo*. Campinas: Papirus, 1998, p. 101-130.

COLEÇÃO "PENSADORES & EDUCAÇÃO"

VEIGA-NETO, Alfredo. *Currículo e História: uma conexão radical*. San Luis (RA): Alternativas (serie: Historia y Prácticas Pedagógicas), año II, n. 2, 1999, p. 105-118.

VEIGA-NETO, Alfredo. Espaços, tempos e disciplinas: as crianças ainda devem ir à escola? In: ALVES-MAZZOTTI, Alda *et al*. *Linguagens, espaços e tempos no ensinar e aprender*. Rio de Janeiro: DP/A, 2000, p. 9-20.

VEIGA-NETO, Alfredo.. Educação e governamentalidade neoliberal: novos dispositivos, novas subjetividades. In: PORTOCARRERO, Vera; CASTELO BRANCO, Guilherme (Org.). *Retratos de Foucault*. Rio de Janeiro: NAU, 2000a, p. 179-217.

VEIGA-NETO, Alfredo. Michel Foucault e os Estudos Culturais. In: COSTA, Marisa V. (Org.). *Estudos Culturais em Educação*. Porto Alegre: Editora da Universidade, 2000b, p. 37-69.

VEIGA-NETO, Alfredo. As idades do corpo: (material)idades, (divers)idades, (corporal)idades, (ident)idades... In: GARCIA, Regina L. *O corpo que fala dentro e fora da escola*. Rio de Janeiro: DP&A, 2001, p. 35-64.

VEIGA-NETO, Alfredo. Incluir para excluir. In: LARROSA, Jorge; SKLIAR, Carlos. *Habitantes de Babel: políticas e poéticas da diferença*. Belo Horizonte: Autêntica, 2001a, p. 105-118.

VEIGA-NETO, Alfredo. Espaço e currículo. In: LOPES, Alice C.; MACEDO, Elizabeth F. (Org.). *Disciplinas e integração curricular: história e políticas*. Rio de Janeiro: DP&A, 2002, p. 201-220.

VEIGA-NETO, Alfredo.De geometrias, currículo e diferenças. Campinas: CEDES, *Educação e Sociedade*, a.XXIII, n. 79, 2002a, p. 163-186.

VEIGA-NETO, Alfredo. Coisas do governo... In: RAGO, Margareth; ORLANDI, Luiz B. L.; VEIGA-NETO, Alfredo (Org.). *Imagens de Foucault e Deleuze: ressonâncias nietzschianas*. Rio de Janeiro: DP&A, 2002b, p. 13-34.

VELOSO, Caetano. *Songbook*. Rio de Janeiro: Lumiar, 1990.

VEYNE, Paul. La fin de vingt-cinq siècles de métaphysique. *Le Monde*, 27/jun, 1984.

WALKERDINE, Valerie. *The mastery of reason*. London: Routledge, 1988.

WITTGENSTEIN, Ludwig. Investigações Filosóficas. In: *Os Pensadores: Wittgenstein*. São Paulo: Abril Cultural e Industrial, 1979.

WITTGENSTEIN, Ludwig. *Anotações sobre as cores*. Lisboa: Edições Setenta, 1987.

XAVIER, Maria Luisa M. *Os incluídos na escola: o disciplinamento nos processos emancipatórios*. Porto Alegre: PPG-Educação/ UFRGS, 2003. Tese de Doutorado.

O AUTOR

Alfredo Veiga-Neto é Professor-Titular (aposentado) do Departamento de Ensino e Currículo e Professor Convidado do Programa de Pós-Graduação em Educação (PPG-Educação) — Linha de Pesquisa Estudos Culturais em Educação —, da Faculdade de Educação da Universidade Federal do Rio Grande do Sul (FACED/UFRGS), em Porto Alegre/RS, Brasil.

Graduou-se em História Natural e em Música. Como bolsista do CNPq, trabalhou alguns anos em Genética, tendo obtido o grau de Mestre em Ciências e publicado vários artigos em periódicos nacionais e internacionais. A partir do início dos anos 1980, passou a se dedicar ao estudo da Filosofia e das Teorias Críticas do Currículo, tendo então migrado definitivamente para o campo da Educação. Veio daí seu interesse pelos estudos pós-estruturalistas, o que o levou a se valer das perspectivas foucaultianas para descrever e analisar discursos e práticas educacionais. Obteve o título de Doutor em Educação com uma tese sobre o movimento pedagógico pela interdisciplinaridade no Brasil (A ordem das disciplinas).

Entre suas publicações, destacam-se a organização dos livros Crítica Pós-Estruturalista e Educação (publicado no Brasil e na Espanha), Imagens de Foucault e Deleuze: ressonâncias nietzschianas, Figuras de Foucault, Cartografias de Foucault, Para uma vida não fascista, Estudos Culturais da Ciência e Educação, Fundamentalismo & Educação e Estudos Culturais da Ciência e Educação (escrito em coautoria com Maria Lúcia Wortmann). Publicou vários capítulos de livros e artigos em periódicos científicos (sobre Michel Foucault, Crítica Pós-Estruturalista, Globalização, Estudos de Currículo e Educação). Traduziu vários autores para edições brasileiras, tais como Frédéric Gros, Philippe Artières, Jorge Larrosa, Thimoty Lenoir, Fernando Alvarez-Uria, Antonio Viñao-Frago, Agustín Escolano, Pablo Gentli, Mariano Narodowski, Mathieu Potte-Bonneville, Pablo Scharagrodsky.

Atualmente, dedica-se ao estudo sobre os novos dispositivos disciplinares e de controle, as ressignificações do espaço e do tempo na Pós-Modernidade e a governamentalidade no neoliberalismo. Orienta um grupo de pesquisas na linha dos Estudos Culturais em Educação, com alunos de mestrado e doutorado que se ocupam em estudar e compreender — numa perspectiva que combina os pensamentos de Foucault, Elias, Bauman, Deleuze, Negri e outros — os discursos e as novas práticas pedagógicas que se dão dentro e fora da escola.

Foi Vice-Presidente da Associação Nacional de Pós-Graduação e Pesquisa em Educação (ANPEd) e participa do Conselho Editorial de vários periódicos no campo da Educação. É membro do Grupo Interdisciplinar de Filosofia e História da Ciência (ILEA/UFRGS) e do Grupo de Estudo e Pesquisa em Inclusão — GEPI/CNPq

Este livro foi composto com tipografia Minion Pro Condensed e impresso
em papel Off Set 75 g/m² na Formato Artes Gráficas.